河出文庫

哲学のモノサシ

考えるってどんなこと？

西　研

河出書房新社

人間はモノサシである。物事や、他人や、じぶんに対して、いろんなモノサシをあてている。すき・きらい、ほんとう・うそ、よい・わるい、きれい・きたない、というふうに。

わたしたちが生きていけるのは、モノサシがあるからだ。何がよくて何がわるいのか、何がすきで何がきらいかよくわからなくなったら、生きてる実感さえ、なくしてしまう。

でも、そのモノサシが、じぶんが生きることをかえって邪魔することもある。じぶんをじぶんのモノサシで痛めつけたり裁いたり。他人のちょっとしたところを裁いたり。あなたのモノサシは、じぶんと他人を愛するために、役立つモノサシになっているだろうか。

哲学は宗教とちがって、「唯一絶対のただしいモノサシ」を与えてはくれない。そのかわり、「モノサシをつくりだして生きている人間」について考える。そのことをとおして、一人ひとりがじぶんのモノサシを点検・修理する力を鍛えること。哲学とはそういう営みなのだ。

目次

本文イラスト　川村易

哲学のモノサシ　考えるってどんなこと？

哲学はどうやってはじまったのか？

哲学をはじめたのはどんな人たちだったんだろう
数学や地理のように生活の役にはたたないし
宗教や神話のように信じれば天国にいけるというわけでもない
いまのぼくたちにも関係があるのだろうか

万物の〈おおもと〉を考えた人

哲学をはじめたのは、いったいどんな人だったのだろうか。それに、「哲学をはじめる」っていうのは、そもそもどういうことなんだろう。

紀元前四世紀、古代ギリシャの大哲学者アリストテレス（注1）は、「タレスこそ哲学の始祖。万物の**おおもと**（注2）は水であると彼はいった」と伝えている。どんな哲学史をみても「哲学のはじまりはタレス」と書いてあるのは、たぶんそのせいだ。

タレスは、アリストテレスよりもさらに二百年ほど前の人である。現在のトルコのあたり（小アジア）にミレトスというギリシャ人の植民都市があって、そこで活躍したらしい。あちこちに旅してエジプトにも行ったとか、日食を予言して的中させたほどの知恵者だったとか、いわれている。

その彼が主張したのが、「万物のおおもとは水である」。——これではなんのことかよくわからないし、あまり知恵がありそうにも聞こえない。なんでこれが《哲学》なんだろうか。

たぶんタレスはこう考えたのだろう。「水は、寒くなると凍って固体になる。熱してやれば沸騰して気体になる。世界には色もかたちも性質もちがった物がたくさんあるけれど、これらはすべて水が姿を変えたものにちがいない」

つまり、いろんな性質をもつ物を**同じひとつの原因から**説明できないだろうか、

（注1）アリストテレス（BC三八四—三二二）。プラトンの弟子。それまでのギリシャの哲学を集大成した、学者のなかの学者ともいうべき人。論理学、心理学、生物学、形而上学、倫理学、政治学、美学など、あらゆることがらについて論述を残している。タレスについての記述は、「形而上学」に入っている。

（注2）ここで「おおもと」と訳したものは、もともとギリシャ語で「はじまり」を意味する「アルケー」という言葉。アルケーは、時間的なはじまり（起源）という意味から、しだいに万物の根源とか原理とかの意味をもつようになっていった。

と思いついたのだ。「水」という答えは単純に見えるけれど、彼のめざしたことじたいは、現代の科学と変わらない。

タレスにつづく哲学者たちは、もっとうまい答えはないかと考えた。万物の「おおもと」があるとしても、それは何か気体のようなものであって、それが濃くなったり薄くなったりすることで万物ができあがる、と考えた人もいた（注3）。性質の異なったいくつかの原子というものを考えたうえで、それらをさまざまに組み合わせることによって異なった性質をもつ物質ができる、と考えた人もいた（注4）。現代の原子論とまったく同じ発想が、すでに古代ギリシャにおいて生まれていたのだ。

でも、かんじんの《哲学》は、どこにあるのだろうか。――それは、タレスの「答え」にではなく、彼の抱いた「問いかけ」のなかにある。「世の中にはいろんな物があるけれど、それらはいったい何からできているんだろうか。神話や伝説はあれこれ語っているけれど、**ほんとうはどうなんだろう**」

この〈ほんとうはどうなんだろう〉にこそ、《哲学》のはじまりがある。

〈世界のゆらぎ〉から哲学は生まれる

でも、なぜタレスは、このように「問う」ことになったのだろうか。おそらく、タレスや彼の同時代人のなかに、これまで先祖から伝承してきた神話や伝説などに対する「疑い」が生まれてきていたからだ。

当時、ギリシャ人たちは小さな都市国家に分かれて生活していた。そしてアフリカや小アジアのほうにもいくつもの植民都市をつくり、またかなり広い地域にわたって交易を行っていた。タレスもエジプトまで行ったらしいけれど、このような文化の交流は、おのずと自分たちの宗教や神話を**相対化する視点**をもたらしただろう。

（注3） アナクシメネス（ＢＣ六世紀）
（注4） デモクリトス（ＢＣ五世紀―四世紀）

どんな民族でも、もともと、その民族なりの宗教や神話や伝説をもっている。たとえば『旧約聖書』には、エホヴァという神さまが七日間かかって天と地と生き物と、そして人間を創造したのだ、と書いてあるし、『古事記』をひらくと、イザナギ・イザナミの二人の神がぐるぐるまわって儀式をして、大地を創造したことになっている。宗教や神話は、世界（天地）のはじまりやその仕組み、じぶんたちの部族や民族のはじまりから現在にいたるまでを説明し、また死後の世界はどうなっているのかについても、それなりに説明してくれる。つまり、世界とじぶんたちについての**時間的・空間的な説明**を与える。そして大切なことだが、その説明は同時に、「やってはいけないこと」と「やるべきこと」、つまり**善悪の説明**を含みこんでいる（たとえば『聖書』でいうと、神さまはただ人間をつくるだけでなく、人間に守るべき「掟」も与えるわけです）。

異文化との接触があまりない、閉ざされた共同体のなかで生きているかぎり、宗教や神話は疑われにくい。しかし異文化をもつ人びととひんぱんに接触するようになると、じぶんたちの神話の「世界説明」が相手に通用しないこと、また、じぶんたちの「善悪」も唯一絶対ではないことが、わかってしまう。

これって、一種のカルチャー・ショックですね。いままでじぶんたちが信じていたことが、危うくなってしまう。そのとき、〈ほんとうはどうなんだろう〉というつぶやきが生まれ、それは哲学へと成長しはじめる。

もちろん哲学は、異文化接触だけから生まれるとはかぎらない。じぶんがいままで信じていた価値観や世界観がゆらいで不安定になったとき――それまでの社会秩序が崩壊して混乱がつづくようなときにも、確固として共有されていた価値観がしだいに壊れはじめたときにも〈ほんとうはどうなんだろう、どう考えればよいのだろう〉と、人は問いはじめる。そこにはいつも、哲学のはじまりがある。

いま私たちは、世界中の人や物やお金、そして情報がひっきりなしに入ってくる時代に生きている。日本で育った人たちも、価値観や関心はとても多様になった。そして「人はこういう場合にはこうするものでしょ」ということは、ハッキリしなくなった。だから、〈どう考えたらいいんだろう、どう生きたらいいんだろう〉と問う人がふえている。哲学する時代がやってきたのだと思う。

〈ほんとうはどうなんだろう〉にこそ、
〈哲学〉のはじまりがある

哲学するってどんなこと?

いままでなんの疑問ももたなかったことがとつぜん不思議に思えてきたり
いろいろな不安があって生きていることが苦しくなってきたとき
なぜなんだろう、どういうことなんだろうと考えはじめる
そのとき、きみは〈哲学すること〉のなかに入っている

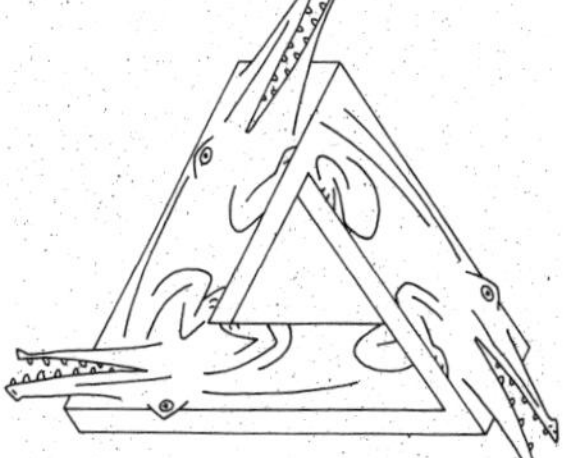

深く根本的に問うて考えること

《哲学》という営みについて、ぼくは次のようなイメージをもっている。

①深く根本的に問うて考えようとすること。
②じぶんのなかの風通しをよくすること。
③美しく真実なものへの意欲をもちつづけ・育むこと。

ごくあたりまえで気にもとめなかったことが、あるきっかけから不思議に思えてくる。こうだと教えられてきたこと、みんながそう思っているらしいことが、じぶんには疑わしく思えてくる。そして、〈なぜだろう、どういうことなんだろう〉と考えはじめる。

こういうのが、「哲学すること」の原点だとぼくは思う。哲学は、たくさんの知識を獲得することでも、難解な理論書を読破することでもなくて、じぶんの内側から聞こえてきた**問いかけ**に耳をすますことだ。

わたしたちはしばしば混乱したり不安になったりするから、じぶんを導いてくれる「正解」が欲しくなる。「じぶんは無で、むこうがわに真理がある」と感じて、真理を教えてもらいたいと思う。でもほんとうは、混乱したり不安になったりしながら何かをもとめているじぶん、そこからしか出発できないし、そのじぶんをていねいに見つめることしかできない。

〈考える〉とは、じぶんにむかって問いかけること、じぶんのなかに鍬を入れて掘りかえして空気をいれていくこと、貧しくみえるじぶんのなかに美しいものを掘りあてることだ。

考えることのおもしろさ

人が物事を深く考えはじめるのは、おおくは「不安」からだ。それまでの生き方が息苦しく感じられてきて、しだいに何を信じてよいかわからなくなったりしたときのように。けれど、それだけが哲学する理由ではないし、不安でなければ哲学する資格がない、というのもちがうと思う。

じぶんで考えたり、ともに考えあったりすることには、それじたいとしての豊かさや楽しさがある。それを感じとった人は、だれだって〈哲学すること〉のなかに入っていっていい。

考えることのおもしろさ、というと、こんなことが浮かんでくる。

何かひっかかっていたことを、最初からゆっくりと考えてみる。じぶんのなかの感覚をていねいに見つめながら、「それって何?」と問いかけていく(ちょっと興味をもったり悩んだりしているとき、わたしたちは意外なくらい、何にひきつけられ何を悩んでいるのか、わかっていない)。

だんだんハッキリしてきて、「あっそうだ、じぶんがひっかかっていたのは、こういうことだったのだ!」というとき、ほんとうにうれしい。

また、**〈問い〉のかたちにして、しつこく考えてみようとする**こと。たとえば、あれこれ感じてきたことが「幸福ってなんだろう」という問いに結晶してきた、としよう。もちろん、それを考えていくときの第一の材料は「じぶん」。――じぶんが「ああ、幸せだ」と感じるのはどういうときか。幸福にはどれくらいの種類があるのだろうか。人はいつも幸福をもとめるといえるだろうか。

問いのかたちにできると、こうやって少しずつ考え進めていけるし、他の人の意見や本も、問いを考えていくさいの「解答例」として参考にできるようになる。じぶんのなかのゴニャゴニャしたものに、適切な・ふさわしい問いのかたちを与えること。これは、考える楽しみを何倍にも高めてくれる。

そして、問いはいくら根本的であってもいい、いや、とことん根本的であったほうがいい。根本的な問いを避けてできそうなものにする、というのは、卒論や論文を書くときのひとつの知恵だけれど、根本的な問いを（そして**じぶんのなかにあってそれを問わせている何かを**）忘れてしまったらなんにもならない。《哲学》という言葉は、学問の何かのジャンルであるというよりも、根っこから問おうとする情熱に対して与えられてきた言葉なのだ。

さらに、もうひとつ。**だれかの本を読みながら、じぶんがなんとなく考えていたことがハッキリ書かれているのに大きくうなずくこと。**

じぶんと同じようなことを悩み、問うている人がいることに気づくと、すごくうれしい。**大切なことをともに考えあっている**という感覚が得られるとき、ニヒリズム（何も信じられるものなどない）はどこかに飛んでいってしまう。

かつてのぼくは、ヘーゲルやニーチェを読むと「真理」に近づけると思っていた。でも、そのうちにわかってきた。彼らもぼくと同じ一人の人間であって、同じように悩んだりしていたのだ。彼らはそこからしだいにじぶんなりの課題（問いかけ）をかたちづくり、深く考えた答えを示すべく努力していった。哲学の歴史は、人びとがともに考えあい、お互いを勇気づけてきた歴史なのである。

じぶんのなかのゴニャゴニャしたものに、
適切な・ふさわしい問いのかたちを与える

哲学の特徴はどんなところ？

何かにつまずいたり不思議に思ったりして、いっしょうけんめい考えること
それはすべて哲学といっていいはず。でもそれではばくぜんとしすぎるかも
ふつうに考えることと哲学のちがいはどんなところ？

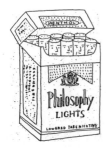

哲学という名の〈考えるゲーム〉

《哲学（フィロソフィー）》というネーミングは、もともとギリシャ語の「知を愛する」という言葉からきている。古代ギリシャの人びとは、**問うて考えることを楽しみ、自由に考えを述べあって説得力を競いあう、という一種のゲーム（遊び）**をはじめた。せまい意味で《哲学》というときは、このゲームのことをさす。

とくにさかんだったのはアテネ。アテネの哲学者**プラトン（注1）**は、じぶんのお師匠さんだった**ソクラテス（注2）**の話をたくさん書き残しているけれど、それをみると当時の雰囲気がよくわかる。何人かで集まって横になっておいしい

（注1）プラトン（BC四二七―三四七）。ソクラテスの弟子。ソクラテスが人びとと対話しながら哲学する、というドラマ風の設定で多くの作品を残した。なんといってもプラトンはおもしろい。『饗宴』もぜひ、お読みください。

ものを食べたりお酒を飲んだりしながら、「では、恋の神であるエロースを称えることにしよう。一人ずつ順番に話をしようじゃないか」というわけで、「恋とは何か」「人は恋するなかでいったい何をもとめているのか」ということを語りあう（『饗宴』）。難しい専門用語を使って偉そうなことをいうのではなく、ふつうの日常語でもって、みんなで意見を述べあって楽しむのだ。

なぜギリシャでこういうゲームが生まれたのか、というと、交通がさかんになって、共同体内部での「常識」が通用しなくなってきていたこと、そして、よけいな圧力がかからず自由に物がいえるような社会制度（民主政治）がととのってきたこと、さらに富と暇があった、というような条件が指摘できるだろう。しかしもっと大切なことは、これらの条件とともに、**じぶんなりの深い納得にしたがって生きていきたい**という欲求が生まれてきたからだ、とぼくは思う。

だいたんに問うこと、理屈で勝負すること

この、哲学という〈考えるゲーム〉は、いくつかのきわだった特質をもっている。

第一に、**だれにとっても大切なことを、だいたんにストレートに問う。**――たとえば「恋とは何か。なぜ人は恋するのか」「正義とは何か、正義など存在しうるのか」「美とは何か。なぜ人は美をもとめるのか」。端的に〈〜とは何か、〜の根拠は何か〉と問う、この問い方こそが哲学を特徴づけるものだ。

正義、恋愛、美、自由、生きる意味、というようなテーマは、だれにとっても大切なことだけれど、しかしわたしたちは、ふつうそういうものを問わない。「正義とは何か、なんて考えても、どうせ答えが出るはずはないよ」と思っているからだ（そうでしょ？）。

（注2） ソクラテス（BC四七〇―三九九）。じぶんではいっさい著作を残さなかった。若者たちに危険思想を吹き込んだ罪で訴えられ、死刑を宣告された。国外に脱出することもできたが、あえて刑に服して毒を飲んだ。その次第は、プラトンの書いた『ソクラテスの弁明』にくわしい。

だから、哲学はどうじに、〈これらの問いを、どこからどうやって考えていったらよいのか〉ということを、考えてきた。わたしたちが物事をきちんと考え進めていこうとしたときの、**土台と方法**はあるのか。これはある意味で、哲学のもっとも根本の問題ともいえる（↓どこから・どうやって考えていけばいいのか？）。

第二に、**常識や権威ある人の意見をそのまま信じこまない。**あくまでも**〈筋道がとおっているからこそ納得できる考え方〉をもとめていく。**

哲学は、考えの説得力を競うもの。「わたしのいうことを聞かねば殺す」とか「わたしのいうことは偉いお坊様も賛成しているのだからまちがいない」というふうに、暴力や権威をもちこむのはルール違反。あくまでも自分の主張が**理にかなっているかどうか**だけで勝負しなくてはいけない。もちろん、勝ち負けが大切なのではなくて、お互いに納得できる考え方を育てあげていこう、というのが哲学ゲームのめざすところなのだ。

でも、「理屈ってきらい」という人も多いと思う。やたら難解な言葉をふりまわして偉そうにしたり、他人をケムに巻いたりする人、いますよね。でも、**理屈**

だからこそみんなに開かれている、というのがほんらいの姿だったのだ。ご神託とはちがって、ある理屈になっているからこそ「ここは納得できるけど、ここはおかしいと思う」というふうにして、みんなが参加して考えていける。

ギリシャ哲学は日常語で哲学しているけれど、近代以降の哲学にはひどく読みにくい本も多い。それは①後世の人は昔の人の語ったことをふまえて書くから、後になるにつれて「前提知識」がふえてきた、②近代には本を読める人はエリートでごく少数だったために、じぶんたちのなかだけで通じればよいという姿勢で文章が書かれていたこと、による（でも、すぐれた哲学者の文章からは〈彼が何を問いかけ、どう答えたのか〉を太い線でつかみだすことが必ずできるし、そうすると多くの人が利用可能なものになる）。

さて、ひとつ問題。〈哲学はヨーロッパのものなのか〉。①大切なテーマをずばり問う、②純粋に理屈でもって勝負する、という二点を特徴とする思考のゲームを**文化的な営みとして長期間継続してきた**という意味では、哲学はヨーロッパのものといっていい。もちろん、根本から問い・理屈で答えようとした人は世界中にいたけれど、それは自覚的な「制度」として長く継続されはしなかった。

しかし、哲学はもうヨーロッパ人の独占物でも、知識人の独占物でもない。ソクラテスがアテネの街を歩きながら、若者たちをつかまえては、「幸福とは何か」「正義とは何か」と語りあっていたように、**平易な言葉で、すっきりした理屈で、しかも深い考えを育てていきたい**。そういう欲求がわたしたちのなかに芽生えはじめている。《哲学ゲーム》は、ふたたび、みんなのものになろうとしている。

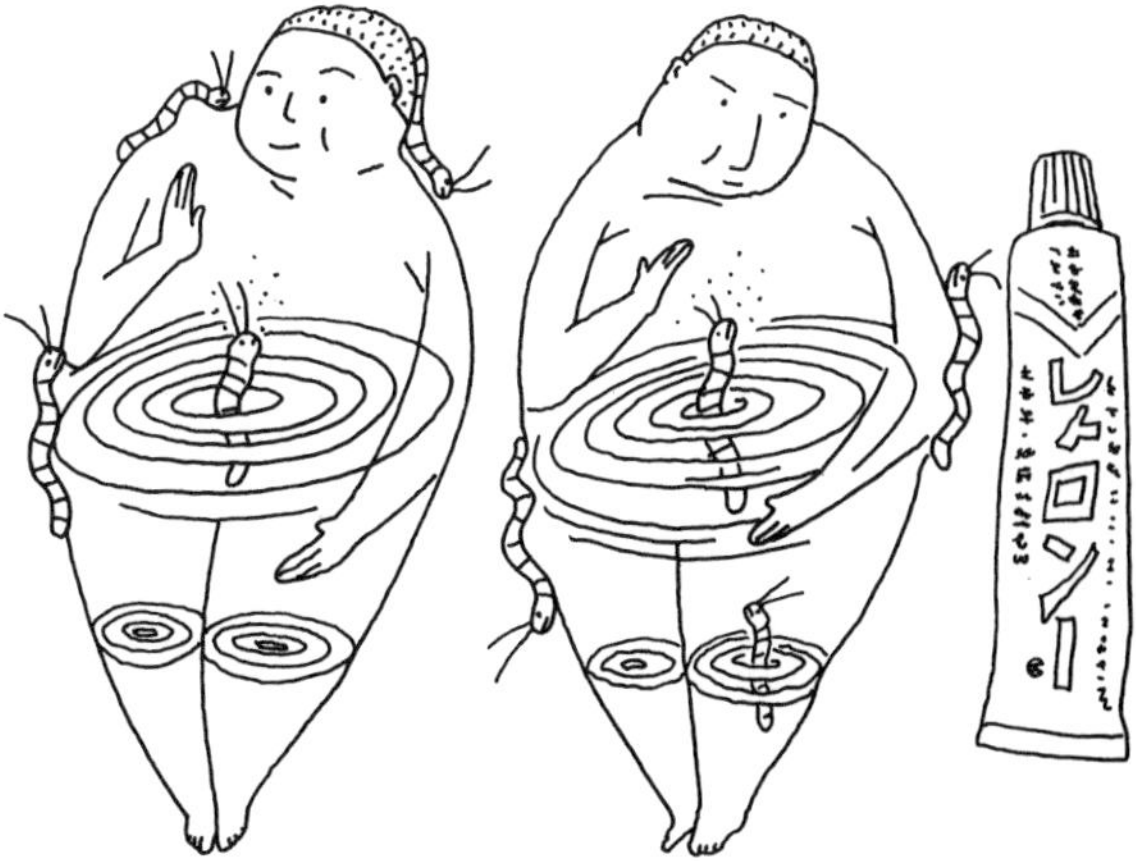

理屈で勝負！

考えても「無駄」なんじゃない？

今晩のおかずを考えるのとはちがって
いくら考えても答えの出ないことだってあるんじゃないだろうか
それに何でぼくはこの世界にいるかといった大きな疑問ともなれば
けっきょくは答えられないのでは？

いくら考えても答えられない問いがある

《哲学ゲーム》とは、あくまでも理屈のかたちで、しかも根本的な問いにもひるまずに答えようとする営み、だった。

でも、すぐにこういう疑問が浮かんできた人もいるのではないだろうか。――「いくら考えたって答えの出ないことって、たくさんあるよね。とくに、すっごく根本的な問いには、答えなんかまず出ないんじゃないの？」

たしかに思考は万能ではない。でも、

①「その問いが答えられないということ」はきちんと理づめで説明できるかもしれない。

②また、その問いを適切にとりあつかうならば、答えられる問いへとかたちを変えられるかもしれない。

たとえば、こういう問いはどうだろう。〈わたしはなぜ、いまここに、このよ

うにして、存在しているんだろうか？〉

もし質問者が、見知らぬ部屋で目を覚まして「ここはどこだ？　なぜここにいるんだろう？」と問うたとすれば、それにはちゃんと答えが出る。窓の外を見回し、「おーい、だれかいませんか？」と声をかけたり、記憶を探ってみたりする。「えーっと、あのときなぜか隣の人と妙に話があって、ガンガン飲んでいたんだっけ、するとこれはあの人の家なのかな」

つまり、眼でもって確認したり、じぶんの記憶を遡ったりして――**じぶんの経験を通して、じぶんの経験のなかに**――理由をみつけることができる。

ところが、もし質問者が〈じぶんが存在していることそのもの〉に対して端的な理由をもとめているとしたら、ふつうはこの問いにはだれも答えを出すことができない。「存在しているから、存在しているんだよ」というしかない。

そこをあえて「強行」するならば、**経験（これまでの記憶やこれから経験可能なこと）の外側に何かを想定して、**そこから説明するしかなくなる。たとえば「神さまがあなたに命を与えてくださったのだ」とか、「あらゆる命が輪廻転生している。前世の行いの結果、あなたは人間としてここに存在しているのだ」というふうに。しかし、これらの答えは経験からは確かめようがないのだから、「あもいえるしこうもいえる（なんとでもいえる）」ものであって、きちんとした理屈としての答えとは、とてもいえない**（注1）**。

なぜ人はそう問うのか

では、お手上げかというと、そうでもない。問いそのものに向かって、**この問いはどういう場所（気持ち）から発せられたのか、**〈なぜそう問うのか〉と考えてみる。これならば、解答可能なはずだ。

（注1） もちろん、こういう答えのいっさいが無意味だ、といいたいのではなくて、これらの答えは原理的にフィクションの性格をもつ、といいたいのだ。たとえば、ぼくもこういうのはちょっと素敵だなあと思う。〈じぶんの存在あるいはじぶんの生とは、絶対者の見ている夢である〉

たとえば、それは「存在の不思議さ」の感覚から発せられたのかもしれない。「じぶんは生まれる前にはいなかったらしい。いなかったということは、ちょっとすごい。いまここに生きているということも、ちょっとすごいことだ」。そう感じていたのなら、そのときには、答える必要はそもそもなかったのだ。「そうだね、生きてるって不思議なことだね」と声をかければいいのである。

また、ひょっとするとこの問いは「存在の苦しさ・不条理さ」の感覚から発せられたのかもしれない。身体に障害をもって生まれてきたり、不運つづきだったりするときに、「なぜ、じぶんだけがこうなのか、なぜわたしはこうして生きていなければならないのか」と思う。人間はかなり辛くても、それに耐える理由がはっきりしているときにはがんばれる。だからこそ、「神さまの与え給うた試練である」とか、「前世のつぐないでいま不幸になっているが、ここでふんばれば必ず好転する」とかいう説明が欲しくなる。

そうだとすると、この問いはむしろ、「人はどうやってじぶんの生を肯定し引き受けることができるのか」という問いへと変換されるべきなのだ。これもすごく困難な問いだけれど、これだとまったく解答不可能な問いではなくなる。じっさいニーチェ**（注2）**の哲学は、この問いに真正面から答えようとしたものだ。

「わたしが存在していることの理由」には、端的な答えは出ない。

でも、「なぜその人はこう問うのか」は問える。

さらにつけ加えると、「なぜ動物とちがって、人間だけがそういう問いを発するのか」というような問いならば、ちゃんと考えうる。

つまり、**より適切な問い方・考え方は存在する**のだ。そして、哲学の歴史をみていくと、「ナルホド、そういうふうに問い方を変換するのか！」とひどく感心

（注2）フリードリッヒ・ヴィルヘルム・ニーチェ（一八四四―一九〇〇）。〈じぶんの不運を呪ったり恨んだりしているかぎり、けっしてその人は幸福になれない〉。このことをはっきりとぼくに教えてくれたのは、ニーチェだった。彼の主著『ツァラトゥストラ』には、苦悩の人ニーチェがつくりだした結晶のような言葉がいくつも入っている**（↓生きてる意味はどこにある？）**。

させられることがある。

たとえば、人間は昔から、〈宇宙には「はじまり」があるのか／ないのか、宇宙には「果て」があるのか／ないのか、物質を分解していくと究極の単位があるのか／ないのか〉というような問いを考えつづけてきた。それらに対し、ブッダやカントはとてもみごとな「問い方の変更」の実例を示してくれている。これも、あとで取りあげてみよう（**↓宇宙には「はじまり」があるか?**、**「究極の問い」はどこにいきつくか?**）。

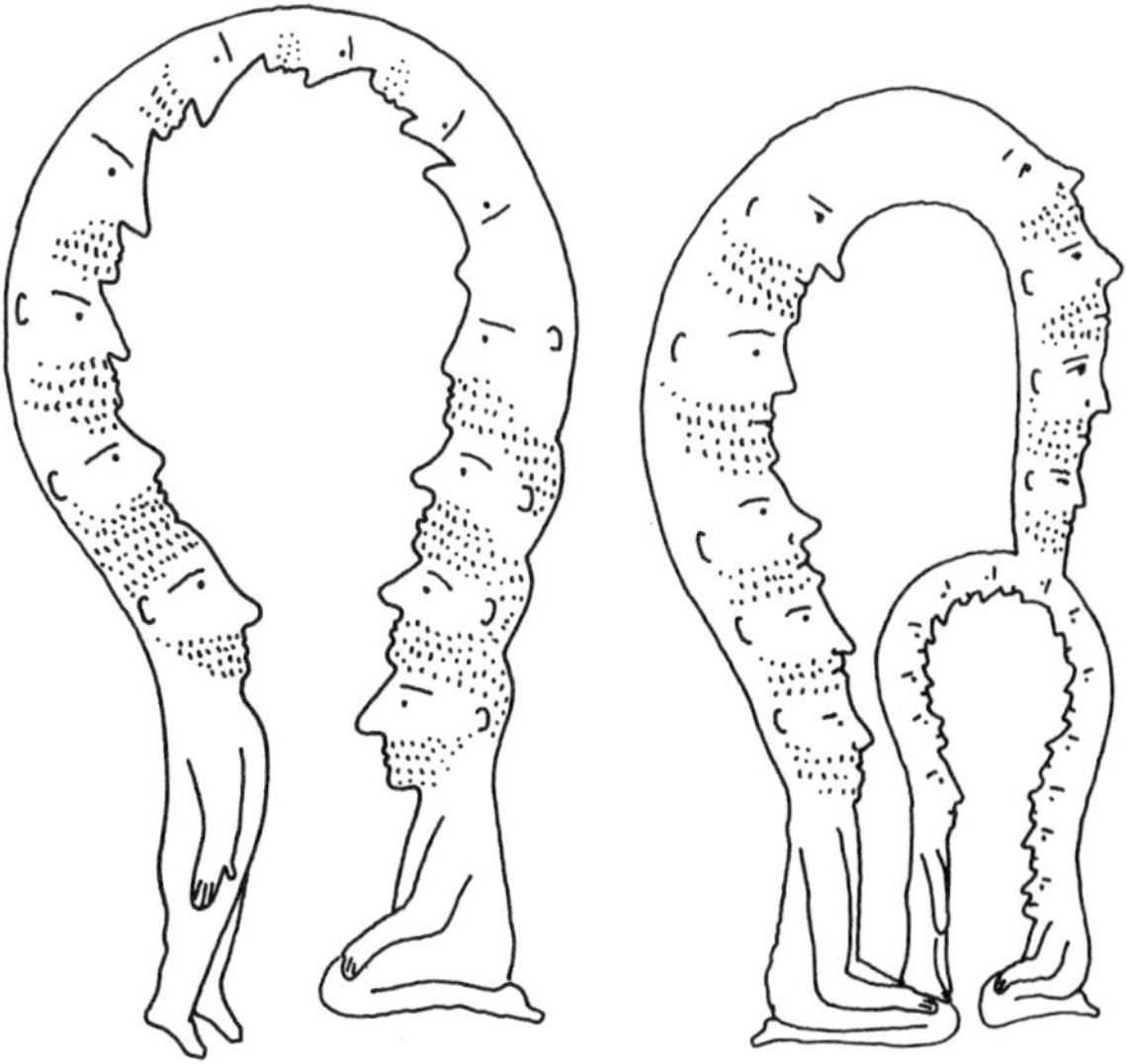

ナルホド、そういうふうに問い方を変換するのか！

生きてる意味はどこにある？

なぜわたしはこの世に生まれてきたのだろうか
その意味さえわかれば、わたしは生きていけるのに
人は心の底からそう思うことがある

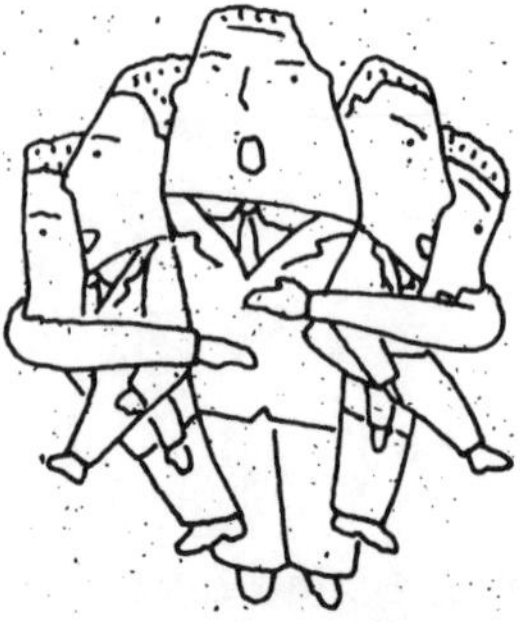

人はさまざまに、生きる意味を問いもとめる

ある人は高校時代、物理学者になろうと思っていた。宇宙のはじまり、宇宙をつらぬく法則、物質の根源が解き明かされていく不思議さに心を打たれた。そして、「宇宙がわかれば、わたしが存在している意味もわかるにちがいない」と思っていた。しかし物理学は、宇宙が「いかに」存在しているのかを説明してくれても、宇宙が「なぜ」存在しているのかも、わたしがなぜ存在しているのかも、説明してはくれない。それに気づいたとき、大きなショックを受けた、という（注1）。

孤独でなんの展望もみえないとき、生きるのが辛いとき、祈るようにして「生

（注1）森岡正博さんのこと。この話は『宗教なき時代を生きるために』（法藏館）に出ています。

きる意味」を探しもとめることがある。そして、聖書を開いてみる。〈イエス様は人びとの罪を背負って十字架にかかったのです、どんな罪人でもイエス様は許してくださる。どんな疲れた人でもイエス様は休ませてくださる〉。わたしを包容してくれる、愛の神イエス。

ぼくじしん、イエスを信じて生きていけたらどんなにすっきりするだろうに、と思ったことがある。でも信仰には、ジャンプが必要だ。エイヤッと飛んでイエスを信じなくてはならないのが、きつい。それに、信じている人は信じない人に向かって押しつけがましい態度をとることがある。それで、ぼくは信仰できなかった。

生きる意味をもとめている、とは思っていなくても、無意識のうちに「ただしい生き方」をもとめている、ということがある。——たとえば、**自然**という言葉がじぶんのなかに飛びこんでくる。「人為的なわざとらしい生き方は醜い。じぶんのなかの自然にしたがって生きるのだ」。**死**という言葉が飛びこんでくる。「なんとなく毎日を生きていてはならない、いつ死んでも後悔しないように生きるべきだ」。こうやってあれこれスローガンをつくるけど、どれもそうながくはもたない。

わたしたちが生きる意味をもとめるとき、たいていは、「どこかに答えがある」「どこかにただしい生き方がある」と思っている。そして、それを探す。その答えが得られれば、じぶんはそれまでのじぶんとはちがった素晴らしい存在に変貌すると思っている。でもそのとき、**生きる意味をもとめているじぶん**、そのじぶんについては考えないのだ。

何をじぶんはもとめているのか——偉くなってバカにした人を見返してやりたいのか。「あなたは生きていいんだよ」と、生きてることを許してもらいたいのか。寂しいじぶんを味方してもらいたいのか。不思議なものに出会いたいのか。

何をじぶんは苦しんでいるのか——寂しいのか。じぶんの罪が許せないのか。じぶんの能力のなさがくやしいのか。

君は何を欲するのか

大学生のとき夢見ていた「社会変革」の理想（注2）もすっかり信じられなくなり、将来の展望も何もみえないまま、塾でアルバイトをしていた二十代半ばのころ。夜アパートに一人でいるとき、とつぜん恐ろしくなってくる。「じぶんは、価値ある生き方にめぐりあうことなくこのまま死んでしまうのではないか」。そう思うとほんとうに恐ろしく、フトンのなかでぶるぶると震えていたことがある。

そのころニーチェと出会ったのは、とてもぼくには大きかった。ニーチェのメッセージは、ぼくにはこんなふうに聞こえた。

〈ただしい生き方がどこかにあるのではない。人生にはここまでいかなければならない、というような義務などないのだ〉

〈神や義務があらかじめどこかに存在するのではなく、神や義務をもとめている君がいるだけだ。では、君のなかでそれをもとめさせているものは何なのか？〉

〈何が義務なのか、ではなく、何を君は欲するのか、どう生きることが君の生を肯定することになるのか、それだけが問題なのだ〉

　ぼくはこれまでのじぶんの生きてきた過程を、なんどもふりかえって検討してみることをはじめた。そこでわかってきたのは、**じぶんが世界をすごく憎んでいたという事実だった。**

〈いい成績を取りつづけるようにして一定の評価基準を満たさないかぎり、この世界はじぶんを受けいれてくれない〉、ぼくはそう思っていつも努力してきたけれど、この努力を強いられていることにすごく憎しみを抱いてもいた。ぼくはあれこれとスローガンをつくりながら、「世界がじぶんを認めてくれなくたってかまわない、おれは価値ある人間なのだ」とじぶんに言いきかせていた。しかし心

（注2）現代社会のさまざまな問題は基本的に資本主義から生まれているのだから、資本主義を滅ぼして新たな生き方と社会をつくりだそうという考え方が、かつてあった。ぼくが学生だった七〇年代にはまだ残っていた。

の底では、じぶんが「そのままで」受容される場所をもとめていたのだ。

これがわかってきたとき、深くじぶんとつながったように感じたのを覚えている。ともあれ、ぼくは次のようにやってきた。

①いままでじぶんの生きてきた過程を、たんねんにふりかえってみる。

②何をじぶんは欲するのか。何がじぶんに悦びを与え、じぶんを深く肯定するのか。そこから、生き方をつくりなおすこと。

もちろん、これが唯一の解決法だというつもりはない。みなさんは、どういう道を切り拓いていくのだろうか。

人はさまざまに、生きる意味を問いもとめる

じぶんを問うこと・普遍的に問うこと

美とは何か・真理とは何か、と一般的に問うてみても
ぼくの生きることには何の関係もなさそうだ
だれでも認める普遍的な美とか真理などは存在しないのでは？

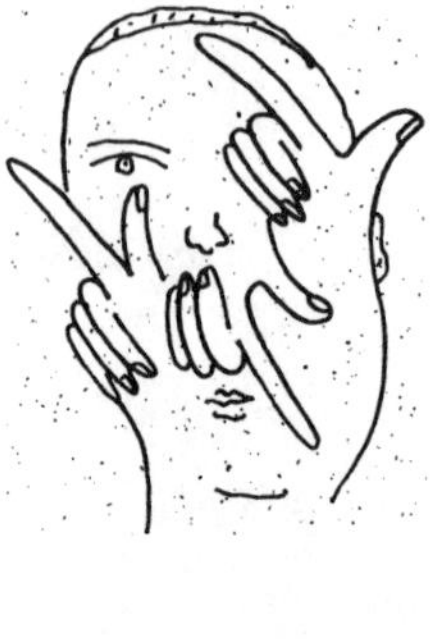

〈じぶんじしん〉に問いかける

何かが気にかかって不安でしかたのないときや、何かにとても困ったときに、人はあれこれ考えはじめる。でも、まわりを恨んだりじぶんを責めたりしているだけで、**真正面からじぶんに向かって問いかける**ことはしないことが多い。「どうしてオレはあんなことをしてしまったのか？」と心のなかでいうけれど、ほんとうにそう問うてはいない。「やってしまったじぶん」を裁いたり責めたりするだけで、「ほんとうのじぶん」はそんな人間ではないはずだ、とつぶやいている（やってしまったじぶんにも言い分はあるはずなのに、ね）。

心がひとつの感情に固着してしまって静かにじぶんを見つめることができないときには、**考えるのをやめる**のが大切だと思う。まずは「いまじぶんは物事を考えられる状態にあるかどうか」と考えて、できないと思ったときには、体操したり遊びにいったりするのがいい。

でも、〈自覚的にじぶんの心を見つめてたしかめようとすること〉は、それができるときには、とても有効な方法だ（注1）。

わたしは何を恐れているのか。何に怒っているのか。何をもとめているのか。じぶんのなかに動いている感情を、ていねいに見ていく。あることをもとめるじぶんがあり、片方にそれを恥ずかしく思って認めたくないじぶんがいるかもしれない。でも、どんなじぶんもそのままいったん受けいれてみる。――そして、よく見つめるなかから、じぶんの意志がしだいにかたちをなしてくるのを待つ。

ていねいにじぶんの心を聴き取って、深い納得のもとに生きていこうとすること。いつもできるわけではないけれど、ぼくはこういう方法をとってきた。

哲学は〈普遍的に〉問う

ところで哲学は、昔から、普遍的・一般的な問いを発してきた。たとえば〈真理とは何か。真なる知識は可能なのか〉〈美とは何か。人はなぜ美をもとめるのか〉〈正義とは何か、人は強制されなくても正義をもとめるだろうか〉など。

つまり「わたしが美しいと感じるのは何か」ではなくて、「美とは何か」と問うのだ。でも、そうやって問うことにいったいどういう意味があるのだろう。普遍的に問うことは、わたし個人を置き去りにして、高みをめざして昇ろうとするみたいだ。

だから、こんな意見も出てくる：普遍的な真理、普遍的な美、普遍的な正義。そんなものがあるはずもない。いや、あったとしたって、「このわたし」が生きていくには関係ない。普遍的なものをもとめようとするのは、うさんくさい。「じぶんに問う」ことには意味があっても、「普遍的に問う」というのはぼくには必要ないな。

（注1）たとえば、お風呂に入ったときとか、電車のなかはじぶんを見つめる時間にする、というふうに習慣をつくるといいですね。きちんとやりたいときは、ぼくはワープロに向かって思いつくままに書き出していくことにしています。

――ちょっと待ってください。「普遍的に問う」ことと、「普遍的な美や正義があらかじめ存在すると思いこんだうえで、そこに到達しようとする」こととは、ちがうはずだ。たしかに哲学者たちのなかには、普遍的な真理・美・正義があらかじめ存在すると信じていた人もいたけれど、それはあきらかにひとつの先入見であって、まずそのことじたいが検討されるべきことだろう。

美という例で考えてみよう。場所と時代を超えた、美の普遍的な基準など存在しない、と思う人は多いはず。たとえば、平安時代の美人は引き目・鉤鼻《かぎばな》だったけれど、現代の美人の基準とはずいぶんちがう（注2）。

けれど、人の姿や自然の風景に魅せられて、おもわず「きれいだなあ」といってしまう。そのことじたいは、場所と時代を超えて、人が人であるかぎり変わらないことではないだろうか。さらに、**美しさのなかに見ているもの**――清らかさ、やさしさ、エロティックな魅力、キリリと引き締まった感じ、などなど――にも、深い共通性があるのではないだろうか（でなければ、外国の小説や物語に美しい人の描写が出てきても、まったくピンとこないはず）。

つまり、美に普遍的な基準はなくても、美しいと感じることは普遍的な現象である。同じく、正義の普遍的基準は存在しなくても、「あいつはただしい！／あいつはなんてひどいことをするんだ！」と感じるのは、普遍的な現象だといえる。その意味で、真理や美や正義は、**どんな人間の生にも関わっているもっとも基本的なことがら**なのだ。

それらについて問うことは、だから、〈人間とはどういう存在なのか〉を問うことに他ならない。哲学のもっとも根本のテーマは**人間**であり、その問いはすべて、〈人間とは何か〉をめざすのである。

人間はもちろん一人ひとりが異なった独自な存在だけれど、その生き方には深く共通するものもある。古代人の文章や絵や彫刻に、異なった文化をもつ人びと

（注2） 民族によっても、美の基準はずいぶんちがう。たとえばミャンマーのパダウン族では、女性は首が長いほど美しいとされていたので、かつては子どものころから金属製の輪を首にはめる習慣があった。中国でも、纏足《てんそく》という、女性の足を人工的に小さくする風習があった。

に、同時代に暮らすさまざまな人びとに接することは、じぶんの感受性や価値観がいかに特別な条件づけられたものであるかを発見することであり、それとともに、人間としての普遍的なもの、喜怒哀楽を生きる同じ人間としての共感を見いだすことだ。

《哲学ゲーム》は、個を無視して普遍の高みに昇ろうとするものではない。じぶんを理解しようとすることからはじまり、じぶん以外の他者を理解しようとし、そしてそれらを「人間存在そのものの理解」へとつなげていく。また逆に、だれかがつくった「人間存在についての理論」の側から、他者やじぶんを照らしかえそうとする。——**個別性から普遍性へ、逆に普遍性から個別性へ、たえず行ったり来たりするプロセス**。《哲学ゲーム》は、こういうプロセスなのである（注3）。

（注3）そしてもちろん、じぶんと他者と人間とを愛し肯定するための努力なのである。

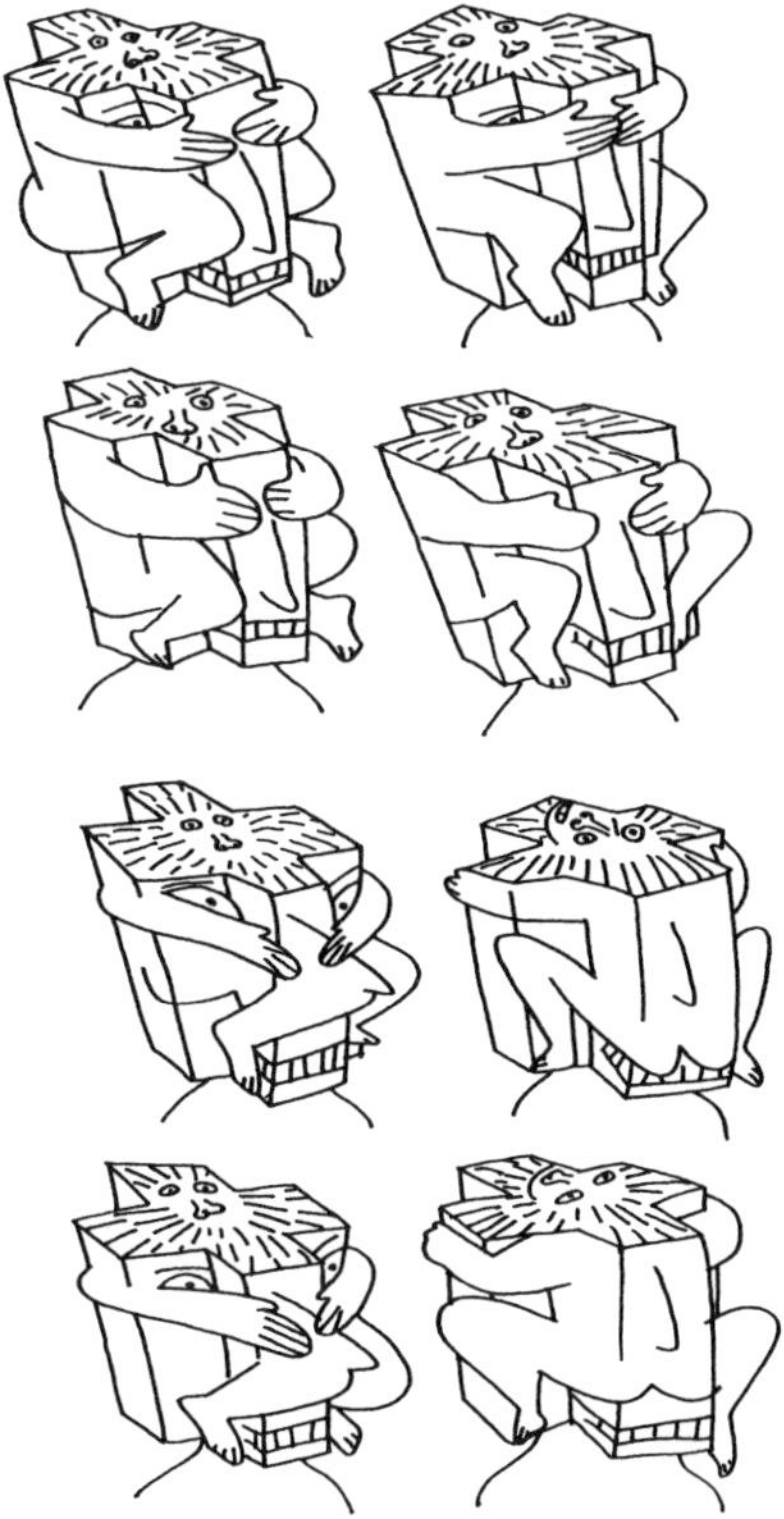

じぶんの意志がしだいにかたちをなしてくるのを待つ

どこから・どうやって考えていけばいいのか？

物事をきちんと考えていこうとするとき
どういうやり方があるのだろうか
それとも、きちんと考えるための土台など
そもそも存在しないのだろうか

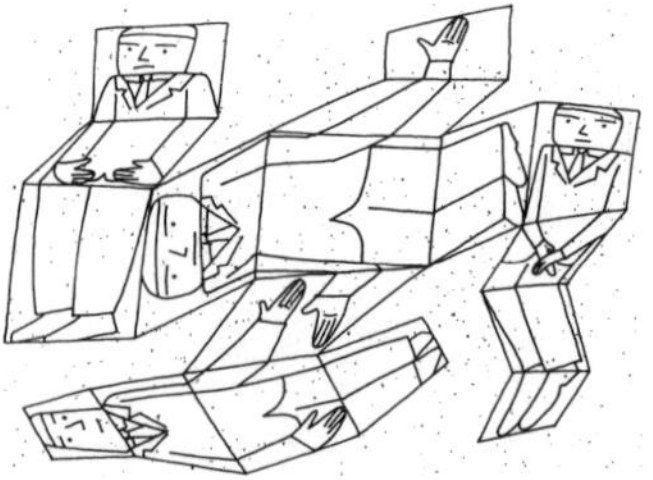

哲学が問題にしてきたこと

哲学は、昔からさまざまな問いを考えてきた。たとえば次のように。

〈数学や物理学のような知識は、他の知識とちがって絶対確実なものにみえる。なぜそのような性質をもっているのか〉

〈じぶんや事物が「存在」するとはどういうことか、時間とは何か〉

〈人はなぜ死を恐れるのか、死ぬとどうなるのか〉

〈正義とはどういうことか、唯一の正義はあるのか、人は強制されなくても正義をもとめる存在か〉

〈美とはどういうものか。なぜ人は美をもとめるのか〉

これらの問いと、「メキシコの政治はどうなっているのか」という種類の問いとは、あきらかに性格がちがう。メキシコの政治の場合には一人で考えこんでいてもダメで、資料を集めたり現地にいって調査したりしなくてはいけない。

対するこれらの〈哲学的問い〉の場合には、どこかへ調査にでかける必要はないけれど、あらためて「美とはどういうものか」と問われると、だれもが途方にくれてしまう。この種の問いを、どうやって考え進めていけばいいのだろうか。

経験の外側に足場を置いて説明する

答え方の例をいくつか出してみよう。

①〈神さまが人びとの心に美しいものの像を吹きこんだ、だから人は美に憧れる〉。神をおくことによって、美や正義の根拠、死んだあとどうなるか、などがすべて説明できる。しかしこの説明は、神を信じている人にしかリアリティがない。

②〈人間の遺伝子のなかには生殖の衝動がプログラムされている。だから異性をみると美しいと感じるのである。さまざまな美があるけれど、これらは究極的には生殖のためのプログラムに由来している〉。これはもっともらしいが、やは

りあやしい。遺伝子の存在を認めるとしても、そこから「美しいと感じること」までにはたいへんな距離があるのに、そのあいだを強引に結びつけている。そしてこの理屈では、同性に対して美を感じるのは「おかしなこと」にされてしまう。

③〈人間がじぶんで意識している部分はほんの表面であって、その背後に深くひろがった無意識の領域がある。それはどんな人間にも共通する普遍的な無意識ともいうべきもので、そこには美しいものとか、正義であることの基本的なイメージが眠っているのだ〉。これも、やはりあやしい。無意識が存在することは認めるとしても、それが人類の普遍的な無意識かどうかはわからないし、そこに何が眠っているかもわからない。

この三つの理屈は適当にぼくがでっちあげたものだけれど、どれもわたしたちの**具体的な経験の外側に足場を置いている**という点で、まったく同じかたちをしている。わたしたちがじっさいに「きれいだ」「なんて卑怯なことをする」と感じている経験、その**経験そのものをていねいに見てとる**のではなく、むしろ外側に仮説的な足場をつくって、そこから理屈づけるのだ。根本的には、そこにこれらの理屈のあやしさがある（でも、おおげさな体系のかたちで示されると、わたしたちはよくだまされる）。

いっさいは経験のなかに登場する

わたしたちは、さまざまな経験を生きている。空の深い青さを「きれいだ」と思い、だれかの行為を「汚い」と感じる。何かにふれて「なつかしく」思い、またあるときには「不安」になる。「神」に祈ったり、「社会」に貢献しようと思ったり、じぶんの「死」についてあれこれ考えたり。**こうしていっさいの物事は、わたしの経験に登場してくる。**

でも「死」はこれから経験するもので、いまは経験できないでしょ？――たしかにそのとおり。でも、じぶんの死を恐れたり、死んだあとに残される家族のことを気づかったり、友人の死にある感慨をもったり、という仕方でもって、わたしたちは生きているうちから「死」とつきあっている。その意味で、わたしたちはやはり「死」を経験しているのだ。同じように、神に祈ったり神の存在を疑ったりという仕方でわたしたちは「神」をも経験している。

そして、自然科学・心理学・宗教・哲学がどんな説明をしようとも、**わたしがこのように経験して生きていること、これが先立つ**。

とすれば、**じぶんの経験そのものに向かって問いかけてみる**という方法があっていい。というより、〈哲学の問い〉を考え進めるうえでは、それこそがもっとも根本的な出発点といえるのだ。なぜなら、美も正義も死も自然科学の確実性についても、わたしたちは経験している＝**なんとなくわかっている**のだから、この「なんとなく」を明確にしていけば、いいのである**（注1）**。

＊

主観的・客観的という言葉がある。ひとりよがりな主観的態度を離れてはじめて客観的な真実がみえる、そういう響きがある。つまり〈わたしは無で、むこうがわに真理がある〉。

ヨーロッパの近代は、科学の時代だった。哲学もまた、科学の提示する世界の

「法則性」に眼をみはった。〈わたしが知ろうと知るまいと、世界には客観的な法則、客観的な真理がそなわっている〉という感覚は、ますます強まった。

わたしの経験こそが先立つこと。そして、経験を掘り進むことによって深く普遍的なものに達する道があること。 そのことをはっきりと自覚するまでに、ヨーロッパの哲学はながい試行錯誤をくりかえさねばならなかった。

（注1） まずじぶんに問いかけて、じぶんのなかから答えを取り出す。つぎにその答えがひとりよがりではないか、まわりの人の感覚とくらべてみる。

このやり方をはじめて自覚的に表現したのが、ドイツの哲学者エトムント・フッサール（一八五九―一九三八）である。いっさいは意識にとっての〈現象〉として登場する、という立場をとるので、その哲学は〈現象学〉と呼ばれる。フッサールにはじまった現象学は、ドイツのハイデガー、フランスのサルトルやメルロ＝ポンティなどにうけつがれた。

現象学は一時期すでに過去のものと思われていたけれど、近年、竹田青嗣さんが生き生きとよみがえらせた。ぼくじしんも、現象学にはとても大きな可能性があると思っている。

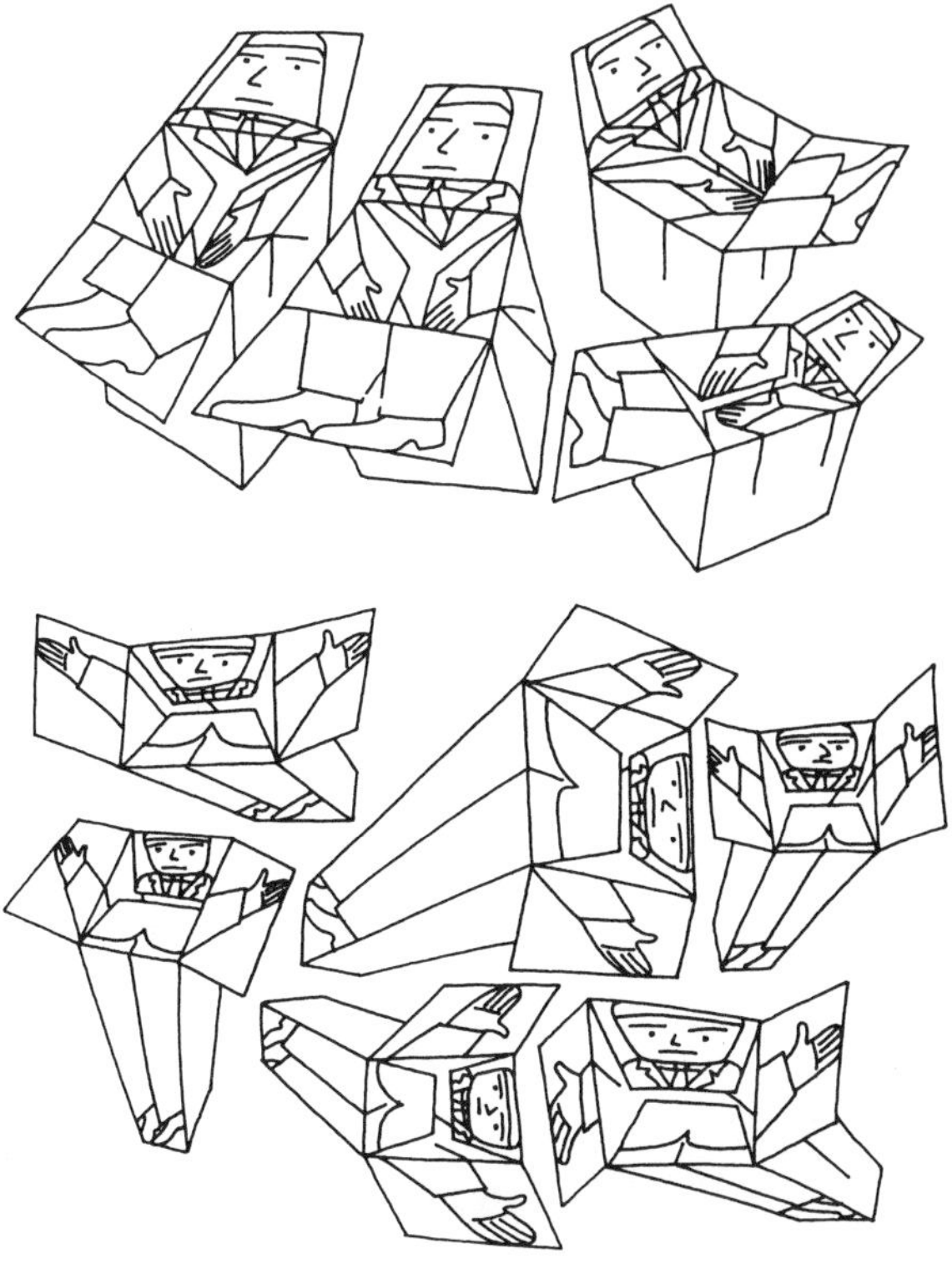

いっさいの物事は、わたしの経験に登場してくる

「科学」ってどういうもの？

科学的説明とはどういうものなのだろう
世界の成り立ちや仕組みを説明するもの？
だとしたら、科学と呪術のちがいはどんなところ？

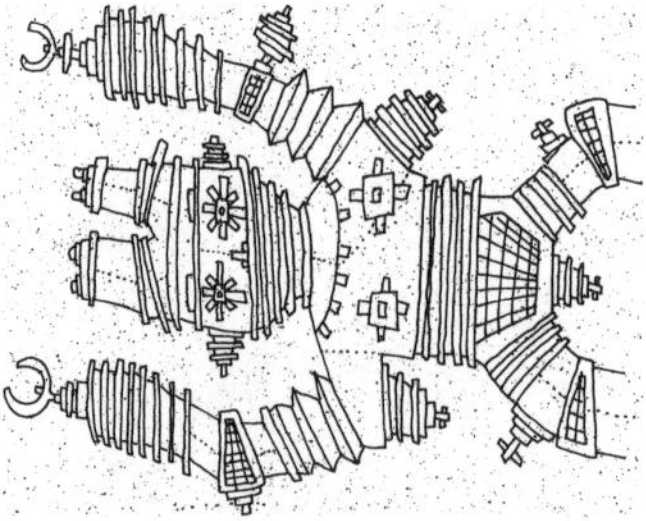

さまざまな現象をひとつの原理でもって説明する

科学という営みをどういうふうにいうと、ピシリと言い表わしたことになるだろうか。十九世紀の哲学者**ヘーゲル**（注1）は、人間の世界認識がある程度のレベルに達すると、**さまざまな現象をひとつの原理でもって説明する**ようになる、といった。

これはそのまま、科学の定義としても使えそうだ。

たとえば、雷雨の夜空に稲妻が走るのが見える。冬セーターを脱ぐときに、ピ

（注1） ゲオルク・ヴィルヘルム・フリードリッヒ・ヘーゲル（一七七〇―一八三一）。哲学史上、もっとも包括的な体系をつくりあげた大哲学者。すべてを説明するように見えて嫌がる人もいるけれど、ぼくはこの人の考え方はやはりすごいと思っている（**↓人は何をもとめて生きているのか？**）。ここの「多を一で説明する」という話は、初期の代表作『精神の現象学』の「意識章」に入っています。

リッとくることがある。下敷きをこすって頭に近づけると、髪の毛がフワッと浮きあがる。そこで科学はこう説明する。「これらの一見バラバラな現象は、すべて電気という**力**から生じているのだ」と。科学は、電気力、磁気力、重力というような、なんらかの「力」へとさまざまな現象を「還元」する。つまり、あるひとつの原理から多様な現象が生じていると説明するのである。

ヘーゲルは、この「力」のことを〈超感覚的なもの〉といっている。といっても、何か神秘的なもの、というのではなくて、見たりさわったりできるような感覚的なものとはちがう（注2）、ということ。髪の毛が浮きあがるというような現象は感覚的に経験できるけど、電気力も磁気力も眼には見えない。つまり、「力」とは「感覚的に経験できる現象」を説明するために想定された原理なのであって、その意味では人間の**思考の産物**なのだ（たんなる空想ではありません。後でふれます）。

このヘーゲルの答えはすぐれているけれど、しかしこれだけだと科学の特質を「ぜんぶ」つかまえたことにはならない、とぼくは思う。というのは、人類は大昔から、多くの現象をひとつの原因から生じるものと考えて説明してきたからだ。たとえば、一族のだれかが病気になったと思ったら、こんどは別の人が大ケガをしたり、というように災難がつづいたとする。するとそこに〈これはだれかの「呪い」によるものだ〉という説明がなされるかもしれない。つまり、「呪いのパワー（呪力）」というものをもちだすことによって、つづく災難を説明することができる。多様な現象を一なる力へと「還元」している点では、電気力や磁気力による説明となんら変わりがない。

では、呪力による説明と近代科学的な説明とは、どこがどうちがうのだろう。「なんにもちがわないよ。どちらも**世界を説明するもの**という点ではまったく同じさ。そこに優劣なんかない」と考える人もいる。「だれもが呪力の存在を信じ

（注2）「電気はさわれるじゃないか、昔コンセントのところをいじっていてビリッときたよ」と思った人に。ビリッときたとしても、それが「電気」であるといえるのは、「電気」という言葉を知っていたからです。

ていれば、呪力は存在することになる。だれもが電気を信じていれば、電気は存在する。ようするに、多くの人間がその存在を信じれば、実在することになるのだ。現在はたまたま科学が広まっているだけの話で、電気は真理で呪力は迷信だと考えるのは、近代をエコひいきしているのさ」

この人の意見は一理あるが、科学は「たまたま」広まったのだろうか。そこにはそれなりの理由が存在するのではないか。このことを考えてみよう。

近代科学の特質は、再現性と厳密な法則性にある

まず「電気」の場合には、電流が流れているかどうかを検出する装置（テスター）がある。つまり、あるシカケをつくってやれば、だれでもそこに電流が流れていることを確かめることができる。この「だれでも・いつでも・どこでも実験によってその存在を確認できる」ということ、その意味での**再現性**は、自然科学的な説明の大きな特色だ。それに対して、呪力が働いているかどうかはだれでも

確認することができるわけではない。シャーマンかだれかのような、特別な能力をもった人だけにしかわからないのである。

さらに電気には、いつでも・どこでも成り立ち、しかも数学的な簡潔な式として表わされる「法則」がそなわっている（抵抗と電流の強さと電圧のあいだの法則は、〈オームの法則〉（注3）でしたよね）。これはきわめて厳密なもので、あるときには成立するがあるときには成立しない、ということはありえない。この法則が成立しているかどうかに関しても、やはり、だれでも実験によって確認できる。

科学のとらえる数学的な法則はいつでも・どこでも成立するから、実生活に幅広く応用することができる。だから、科学的知識は「科学技術」のかたちをとって、わたしたちの生活をきわめて便利なものにしてきたのだ。

これを逆からいうと、呪力を検出する装置がつくられて、だれでもそれを測る

（注3） 電圧＝電流×抵抗

ことができたり、そして呪力についての数学的法則（呪量・呪圧・呪抵抗のあいだの法則）が成立したとしよう。そして、呪力を自由に利用してだれかを攻撃したり、だれかからくる呪力を防いだりすることができるようになったとしよう。そのとき、呪力はまったく科学的に認知された「存在」となるわけだ。〈だれでもその存在をたしかめることができ、自由に法則を応用できる〉。この科学の特質は、それまでのさまざまな世界説明にくらべて、はるかに人びとの納得を獲得しやすいものだったはずだ。

さらにつけくわえるなら、科学は、理由の理由のそのまた理由、つまり**より根本的な原理**をもとめ、かつ、より多くの現象を説明できる包括的で**一般的な原理**をもとめて、発展してきた。そして、きわめて首尾一貫した理論が整備されてきた。これもまた、科学的説明が広まった大きな理由だ。十八世紀や十九世紀のヨーロッパ人たちが「科学は世界の謎を解き明かし、真理へと一歩一歩進んでいくのだ！」と考えたのもうなずける。でも、科学はそもそも世界の「真理」を語ろうとするものなのだろうか。また、科学に語れないこともあるのではないか。このことを考えてみなくてはならない（→科学は世界を説明しつくせるか？）。

さまざまな現象をひとつの原理でもって説明しようとする

絶対にただしい知識なんてあるのかな？

たとえば幾何学ってそうじゃないかなぁ
証明っていうのがあるけれど、それって「ぜったいにまちがいない」
「だれが考えたってそうなる」ということでしょ
科学もそうだといえるのかな

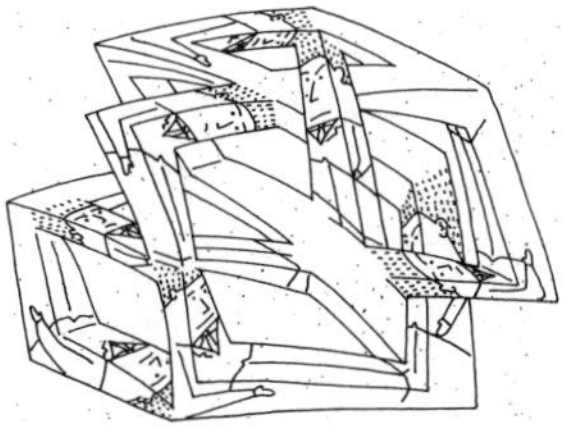

「経験則」と「厳密な法則」

科学が示す法則は、「いつでも・どこでも」「かならずそのとおりに」成立することになっている。**ガリレイ（注1）**の発見した「落体の法則」もそのひとつで、物体が落下しはじめて何秒たったかがわかれば、落下した距離もその時点での速さも、公式にしたがって計算できる**（注2）**。この法則はつねに例外なく成立することになっていて、実際の結果が計算とちがったとしても、それは空気抵抗とか風速の影響とみなされる。

しかし、この「いつでもどこでもかならず成立する法則」というのは、一種の知識だけれど、これはちょっと考えてみると、とんでもなくすごいものだ。なぜなら、人類がそれまでにたくわえてきた知識は「だいたいこうなる」というもので、「かならずこうなる」ではなかったからだ。たとえば、〈サバはとれてからすぐにたべないと、下痢をする〉というのは多くの経験から得られた知識**（経験**

則）であってかなり信用がおけるけど、それでも「かならずこうなる」とはいえない。

〈この世界のなかには厳密な数学的な法則が存在しており、それはきちんとした理論体系のかたちでとらえられる〉。こういう、それじたいはけっして検証されえないひとつの信念がヨーロッパの近代に生まれ、それによってはじめて自然科学は成立することができた。そして、この信念にもとづいて発見された法則的知識は、世界の「真理」をとらえたもの、つまり「絶対にただしい知識」であると

（注1） ガリレオ・ガリレイ（一五六四―一六四二）。イタリア・ルネサンス後期の自然科学者で、近代物理学をつくりあげた人の一人（**↓科学は世界を説明しつくせるか？**）。現象学の創始者フッサールは、このガリレイが〈数学的な合理的な自然〉という考え方とともに近代物理学の基礎をつくった、という（『ヨーロッパ諸学の危機と超越論的現象学』）。

（注2） 落体の法則は、落下した距離をS、落下するまでの時間をt、重力定数をgとすると、$S=\frac{1}{2}gt^2$と表現される。

いみなされた。でも、人類の歴史のなかでもきわめて特殊なこういった信念は、いったいどうやって生じたのだろうか。

ひとつには、**キリスト教**の影響である。初期の自然科学者たちは、無神論者だったのではなく、むしろ「自然のなかに合理的な法則を見いだす作業は、創造者たる神の栄光を認識することでもある」と考えていた。彼らは、聖書に書かれている自然の描写を信じこみはしなかったが、**〈神が創造したからこそ、宇宙は合理的にできている〉**という信念をもっていたのだ。

もうひとつは、**ユークリッド幾何学**の影響である。古代ギリシャの理論的数学を集大成したユークリッドの『幾何学原本』（注3）は十五世紀にグーテンベルクの印刷術がはじまってまもなく活字となり、それいらい、大学生たちの必読本となっていた。この『原本』は、**〈きちんと定義した概念と少数の公理から演繹することによって、絶対確実に成立する知識の体系が可能である〉**という強烈なイメージを人びとに与えた。じっさい、古典的な物理学を代表する**ニュートン**（注4）の体系も、幾何学的様式を模した「演繹的」な体系としてつくられたのだ。

このふたつがあいまって、近代という時代は「唯一の客観的現実を反映した絶対にただしい知識が手に入れられる」と信じ、それをもとめたのである。

幾何学は客観的現実を反映している？

さて幾何学は、自然科学にはるかにさきだって「絶対にただしい知識」であると自負していた。それは『原本』が演繹的証明（注5）によって、それまで経験則として知られていたもの（たとえば、三角形の内角の和は二直角になる）には

（注3）ユークリッド。古代ギリシャの数学者でギリシャ名はエウクレイデス。BC三〇〇年ころにアレクサンドリアで活躍したとされているが、くわしいことはいっさいわかっていない。

（注4）アイザック・ニュートン（一六四二―一七二七）。イギリスの数学者、物理学者。彼の『自然哲学の数学的原理（プリンキピア）』は、とんでもない事件であった（**↓科学は世界を説明しつくせるか？**）。

「必然的な理由」があること、したがってこれらがいつどんなところでも成立することを示すことができたからだ。では幾何学は、ギリシャ人たちがそう考えていたように、客観的現実をそのまま写しとったものといえるのだろうか。

わたしたちの経験する現実の事物には、たしかに丸いものも四角いものもある。でも幾何学のいう「完全な円」などというものは現実に存在するだろうか？　また「幅をもたない線」「長さも面積ももたない点」は存在するだろうか？　いや、存在しない！　それらはあくまでも、**人間の頭のなかにしか存在しない。**——だったら、円も直線も単なる空想だっていうことかなあ……そんなバカな。

ちょっと発想を転換してみよう。わたしたちは「知識のただしさは客観的現実を正確に写しとれたかどうかで決まる」と考えやすい。そうではなく「知識のただしさとは人びとのあいだでの**共有されやすさ**のことだ」といったん考えてみて

（注5）『原本』が確立した「演繹的証明」とは次のようなもの。
①言葉の定義：点・線・円などの基本的な言葉をあらかじめ明確に定義する。

たとえば〈点とは部分をもたないものである〉
②公理の設定：いくつかの事柄を「だれもが認める明白な事実」としてあらかじめ定めておく。たとえば〈どんな二点のあいだにも一本の線分がひける〉
③証明：以上の定義と公理だけを用いて、図形に関する諸規則が成立する理由を厳密に示す。

＊

演繹的方法はどうやって生まれたのだろうか。諸説がある。
①ギリシャ人たちがヒマにまかせてあれこれと考えているうちに、図形についてのさまざまな経験則のあいだに「こっちからあっちが導ける」という関係が成立することに気づいていった。この導き・導かれる関係をあきらかにしていくことで、〈「公理」としていくつかのことがらを置いておけば、それ以外のものはすべてがそこから導ける〉という発想が確立していった、という説。
②「議論」するさいのやり方から生まれたという説もある。ギリシャ人は議論好きだったが、そのさいに何か共通の前提を定めておかないと、収拾がつかなくなる。そこで「これらは君もぼくも認めるでしょう、もうこれらは疑ってはいけないことにしておきますよ」ということになった。そのやり方から「公理・定義」が生まれた、というわけ。

はどうだろうか。たとえば、ふたつのもののうち、こっちが長そうだと思うけれど確信はもてない。そのとき短い棒をもってきて測ってみる。こっちは棒八本分、あっちは棒七本分。こうやって「単位」をもちこむことによって、だれもが納得する知識が得られる。同じように、「これくらいの丸いもの」というかわりに「半径五センチの円」といえば、だれもが似たようなものを作図することができる。完全な円を描くことは現実には不可能でも、「中心から等距離にある点のつまりという考え」はだれもが共有することができるからだ。

この「単位」というもの、そして完全な直線や点や円という「概念」は、とんでもない発明だった。これらは人びとが知覚する事物の「およそこれくらい」という性格をとりはらってしまう。これらは厳密な意味で「だれにとっても同じもの」であり、きわだった共有性を獲得しうるものだったからだ。

幾何学のただしさは、単位と「完全な形」という概念が生まれたことを前提としている。さらにそのうえに、演繹的証明というまさに「だれが考えてもそうなる」やり方を開発することによって、幾何学の特権的なただしさが生まれたのだ。

さて、絶対にただしい知識はありうるか。幾何学・数学・論理学などはたしかにただしい。しかしそれらの「ただしさ」は、現実を正確に反映しているがゆえのただしさではなく、「だれにとっても同じ概念」をつくりだし「だれにとっても同じ操作（演算なり証明の手続きなり）」をする、ということによって可能になっているのである。それに対して、科学のように実験と観察にもとづく学問は、どんなに確実にみえても仮説としかいえない。

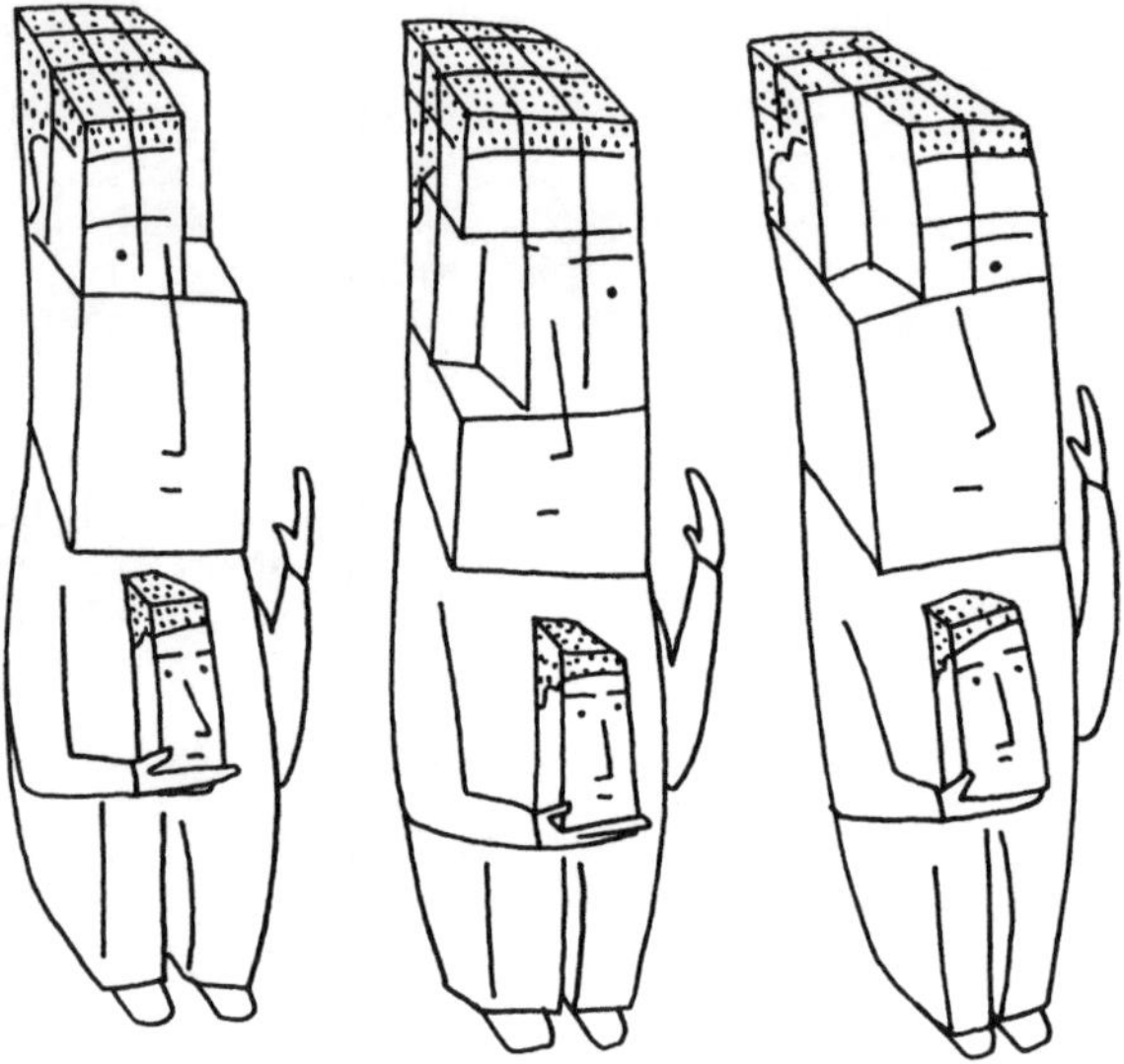

いつでもどこでも成立する法則

科学は世界を説明しつくせるか？

科学はだれの眼からもただしくみえるけれど
神話や伝説によって説明されていた世界を
解き明かして真理に近づいていくのだろうか

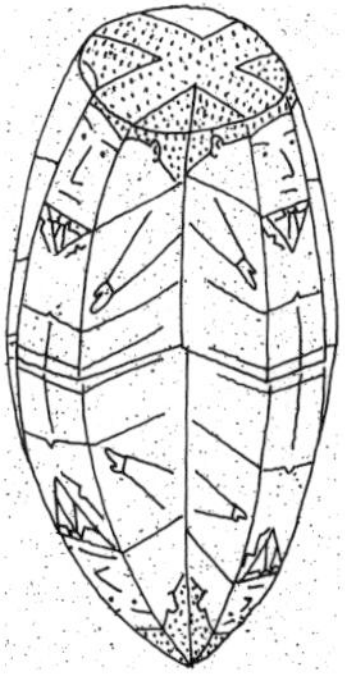

科学はより根本的で包括的な理論をめざす

自然科学、とくにその根幹をなす物理学が確立したのは、十七世紀のことだ。科学の不得意な人も、ちょっとそのようすをのぞいてみよう。

まずは、**ガリレイ**。地動説を唱えてローマ教会から有罪判決を受けたことで知られているけれど、**落体の法則**の発見も有名だ。「重い物体のほうがとうぜん軽い物体よりも速く落ちる」という常識に反して、ガリレイは「いや、どんな重さの物体でも変わらない」、さらに「落下速度は時間に比例して増加する」と主張した。

次に、ほぼ同じころの人**ケプラー**（注1）。ドイツの天文学者で、やはり地動説をとっていた。彼は太陽のまわりをめぐる惑星の運動について、「惑星は太陽を一焦点とする楕円軌道上を動く」「惑星と太陽をむすぶ線は等しい時間に等しい面積を描く（面積速度一定）」ことを発見した。これは、**ケプラーの法則**と呼ばれている。

しばらくして**ニュートン**が登場し、ついに古典物理学の体系を完成する（『プリンキピア』一六八七年）。「どんな物体のあいだにも引力が働いている」という**万有引力**の発見が有名だけど、彼がなしとげたのはそれだけではありません！

物体に力が加われば、動き出したり速度が変わったりする。そういう物体の運動と力との関係（これを扱うのが力学と呼ばれる）を、彼はごくシンプルな三つの法則として定式化した。慣性の法則・運動方程式・作用反作用の法則からなる、**ニュートンの運動の三法則**（注2）である。これはもう、たいへんな事件だった。というのは、**三次元空間での物体の運動はこの三法則からすべて説明できる＝予測できる**ことになったからである。

（注1）ヨハネス・ケプラー（一五七一――一六三〇）。師匠のティコ・ブラーエの残した膨大な観測資料をもとにして、ケプラーの法則を導いた。のちにもうひとつ法則を発見して、「ケプラーの三法則」になった。それは〈惑星の公転周期の二乗は、太陽からの平均距離の三乗に比例する〉というもの。

つまり、ある時点での物体の状態（位置・運動の速さと方向・質量）がわかっていて、それに加えられる力（重力なり電磁気力なりの大きさと方向）もわかっていれば、その物体が何秒後にどういう速度でどこに到達するのか、がすべて予測できるのだ。たとえば、ハレー彗星の軌道だって予測できる。太陽や他の惑星とのあいだに働く力は万有引力の法則から計算できるから、あとは運動法則（運動方程式）を用いればいいのである。

物体の運動はすべて予測できる＝決定されている：これは、**決定論的な世界像**だった。とうぜん「すべてが法則的に決定されているとすれば、自由意志など存在しないのではないのか」という疑問も生まれてくる。これは、別の章でとりあげることにしよう（**↓自由な意志なんて存在しない？**）。

「地上と天界はまったくの別世界」というそれまでの常識を打ち破って、ニュートンは、地上の物体も天体も物体としてはまったく同じものとみなした。そしてケプラーの法則や落体の法則が成立する理由を、万有引力の法則と三法則を用いてすっきりと説明してしまった。つまりニュートン体系は、狭い領域で成立する法則を証明し包括する理論、より**根本的**でより**包括的**な理論だったのだ。

科学的説明は最終的には「こうだからこうだ」になる

科学はそれ以後も、さらに根本的かつ包括的な理論をめざして進んできているけれど、ではこの科学の進展を、秘められた世界の謎＝世界の真理へと限りなく接近していく歩みと考えていいのだろうか。

（注2）①慣性の法則は、〈物体に力が加わらないかぎり、静止した物体は静止しつづけ、運動している物体は等速運動をつづける〉というもの。これはもともとガリレイが発見した。
②第二法則は〈物の運動の速さや方向の変化は、その物に働く力に比例し、その力の働く方向に起こる〉。これがいわゆる運動方程式。
③作用反作用の法則とは、〈ある物体Aが別の物体Bに力を及ぼすとき（作用）、AはBから大きさが等しく方向が反対の力（反作用）を受ける〉というもの。

十九世紀くらいまでのヨーロッパでは、そう信じる人も多かった。というより、ニュートン体系はほとんど真理そのものと考えられていた。しかし「果たしてそうかな」と考える人たちもいた。前章でも登場した哲学者、ヘーゲルもその一人である。彼は、科学的な説明が完全なものになることは決してなく、最終的には**同語反復**になるしかない、と述べた。どういうことだろうか。

まず、科学は「いかに」を示してくれる。物体が落下するときにはこうなる、惑星の運動はこうなっている、ということをガリレイやケプラーは数学的な式のかたちで簡潔に示してみせた。でも、人間の知性はそれだけでは満足できないから、「なぜ」そうなっているのか、と考えてしまう。

たしかにニュートンは、落体の法則とケプラーの法則が成り立つ理由を、運動の三法則と万有引力の法則でもって説明してみせた。では、万有引力の法則は「なぜ」成り立つのか？　慣性の法則は「なぜ」成り立つのか？——その答えは、ニュートン体系には存在しない（しえない）。そもそも、万有引力の法則や運動の三法則は、幾何学でいう**公理**のような位置をしめている。つまり「それらを認めると、さまざまな物体運動の現象がきちんと整合的に説明できますよ」という位置づけになっていて、それらじしんに関しては「そうなっているからそうなっている」という「同語反復」にならざるを得ない。**「なぜ」の問いは、最終的には拒否されてしまう。**

この事情はニュートン体系にかぎらず、演繹的な理論のかたちをとる科学一般に通じるはずだ。もし万有引力の法則が成立する理由をさらに説明する理論が登場したとしても、それはそれで「さまざまな現象を説明するために置かれていて、それじしんは説明されえないもの」を土台として置かないわけにはいかない**（注3）**。

この事実は、あたりまえのことだけれど、〈客観的な世界それじたいに何かの法則（真理）がそなわっていて、それを忠実に写しとろうとするのが科学である

（注3） 現代の科学は、この土台となる法則が諸現象を説明するための「仮説」であることをよく自覚している。ニュートンの時代はそうではなかった。

る〉という考えはまちがいだ、ということを教える。そうではなく、**科学はあくまで、世界を「人間」が説明しようとする仕方のひとつにすぎない！**

科学は、世界を説明しようとする人間の欲望と知性が生み出したものであり、人間が存在しなければ、科学は存在しないのだ。

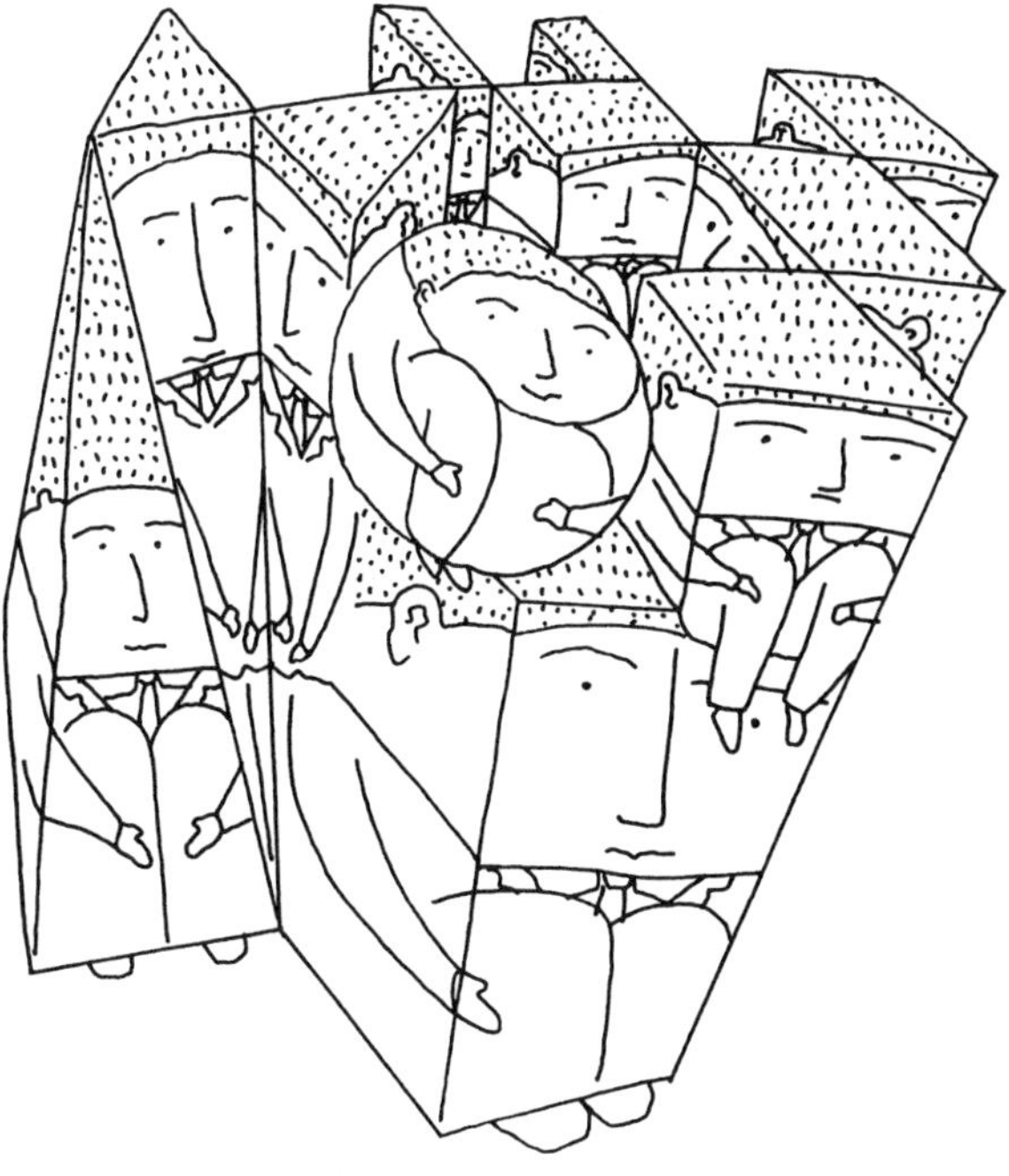

科学は世界を説明しようとする人間の
欲望と知性が生みだしたもの

宇宙には「はじまり」があるか？

宇宙は、ある時点からはじまったのだろうか
それとも、はるかな過去から永遠に存在しつづけているのだろうか
宇宙をどんどん進んでいくと、いつかは宇宙の果てにぶつかるのだろうか
それとも、宇宙のひろがりは限りないのだろうか

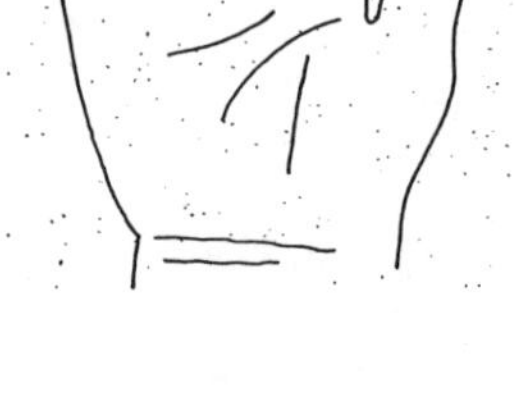

人間は洋の東西を問わず、〈究極の問い〉に出くわす

人間が神話や伝説を脱して、じぶんの頭で〈世界ってほんとうはどうなっているんだろうか〉と考えはじめると、かならずといっていいほど、いくつかの**〈究極の問い〉**につきあたる。ここでとりあげる〈世界（宇宙）にはじまりがあるのかないのか〉という問いは、時間を遡ってその究極を問うものだ。

これは二者択一の問題だから、どっちか一方が正解になるはず（と思える）。ところが昔から両方の説がそれぞれがんばって、なかなか決着がつかない。最新の宇宙論では、〈もともと時間も空間もない一点があった。それが爆発して**（ビッグ・バン）**、そこから宇宙ははじまった。いまでも宇宙は膨張しつづけている〉と語っているから、「はじまりがある」説をとっている。これで答えは決まり、とも思えるけれど、じつはそうでもない。「ビッグ・バンが起こる前は、じゃあどうなっていたんだろう？」「なぜ時間がないのに爆発することができたん

だろう？（爆発するとは変化することであり、変化するとは時間があるということだ）」と人は考えてしまうからだ。

この難問にどう答えるか。ぼくのみるところ、他を圧倒してすごい答え方をしたのは、**ブッダ**（注1）と、**カント**（注2）である。二人の答え方はそれぞれちがうけれど、共通しているのは「まともに答えなかった」ということだ。まずは、ブッダの主張を聞いてみよう。

こんなことを考えるのは、無駄である（ブッダ）

紀元前のインドでは、世界や人間についてさかんに論争がくりひろげられていた。そのうちに、さまざまな論点はしだいに十個の難問（注3）のかたちに整理・統合されていく。もちろん、「宇宙にはじまりがあるかないか」もそのなかに含まれていた。

まるで知恵のオリンピックをやるみたいに、当時のインドの知識人たちは「十難」に対する解答を競いあっていたわけだが、ブッダの言行の記録をみるかぎり、彼はまったくそれに答えようとしていない。何回も人びとから解答を迫られるのだけれど、そのたびにいつもはぐらかして、まともに答えない。

（注1） ブッダ（BC四六三―三八三）。仏教の始祖、つまり、おしゃかさま。ブッダの言行の記録（『ブッダのことば――スッタニパータ』岩波文庫）を読むと、信仰の対象としてのおしゃかさまではなく、一人の生きた思想家としての姿が伝わってくる。

（注2） イマヌエル・カント（一七二四―一八〇四）。ドイツの哲学者。主著は『純粋理性批判』**（↓「究極の問い」はどこにいきつくか？）**。どこか古めかしく思う人もいるだろうけど、カントはやはりすごい人。文句なくおもしろい。

（注3） これは「十無記」と呼ばれていて、大きく三つのグループに分けられる。第一は、世界（宇宙）についての謎で、〈世界は（時間的に・空間的に）有限なのかそれとも無限なのか〉。第二は、心（魂）についての謎で、〈魂と身体はまったく性質のちがうものなのか。それともひとつなのか〉。第三のグループは宗教に関わるもので、〈真理達成者（悟った人）は死後も存在しているかいないか〉。

そのわけをブッダはあるときこう語っている。〈こんな難問を考えつづけていても、解答の得られないうちに死んでしまうだろう。これではまるで、毒矢に刺されているのに医者を呼びもせず、犯人の姿や弓矢の種類を尋ねるようなものだ。わたしたちはいつもさまざまな苦しみを抱えているのだから、それをどうやって克服するか、ということのほうが、ずっと大切ではないか（注4）〉

ナルホド。たしかに、「世界のはじまり」なんて考えているヒマはないのかもしれない。かりに正解が出たからといって、それがわたしたちの日々の悩みを解決してくれるわけでもない。つまり、この難問を考えることには**意味がない**。

しかしブッダは、ただ実用的・実際的な考え方をした、というのではない。〈わたしたちの日々の悩み・苦しみこそ問題にすべきだ、そのためには、**世界の謎から人間の在り方のほうに眼を転じなくてはならない**〉。これはとてもつきつめた、徹底的な考え方だった。

欲望があるから人間は苦しむのだろうか

ブッダは人間というものをこう考えた。〈人間の悩み苦しみは、すべて人間が欲望（煩悩）をもつから生じる〉。成功したいと願うからこそ、失敗すれば苦しい。わが子を愛するからこそ、子どもを亡くしたときには悲嘆にくれる。欲望（煩悩）にとらわれなくなれば、苦しみから解放されるだろう。

これは、まったくただしい考え方ですね。でも、どうやったら欲望にとらわれない生き方ができるのだろう。そもそも、そんなことはできるのだろうか。

仏教は、苦しみから逃れるために、「煩悩からの解放＝悟り（解脱《げだつ》）」をめざす、という路線をとった。しかし、どういう状態に至ったら「悟り」といえるのか。

（注4）「毒矢のたとえ」と呼ばれる逸話。『バラモン経典・原始仏典』〈世界の名著〉中央公論社、四七三ページ以下。

それについても、ブッダは口をつぐんでいる。悟りは一人ひとりが修行によって体験的に到達するもので、言葉で表現できるようなものではない、ということだったのかもしれない。

ぼくは、「煩悩からの解放」にはちょっと懐疑的だ。欲望（煩悩）は、たしかに人を苦しめもする。しかし、人間に大きな悦びを与え、生きる理由を教えてくれるのも、やはり欲望だと思うからだ。では、どういう路線がありうるのか、ということになるけれど、これは、おいおい考えていくことにする。

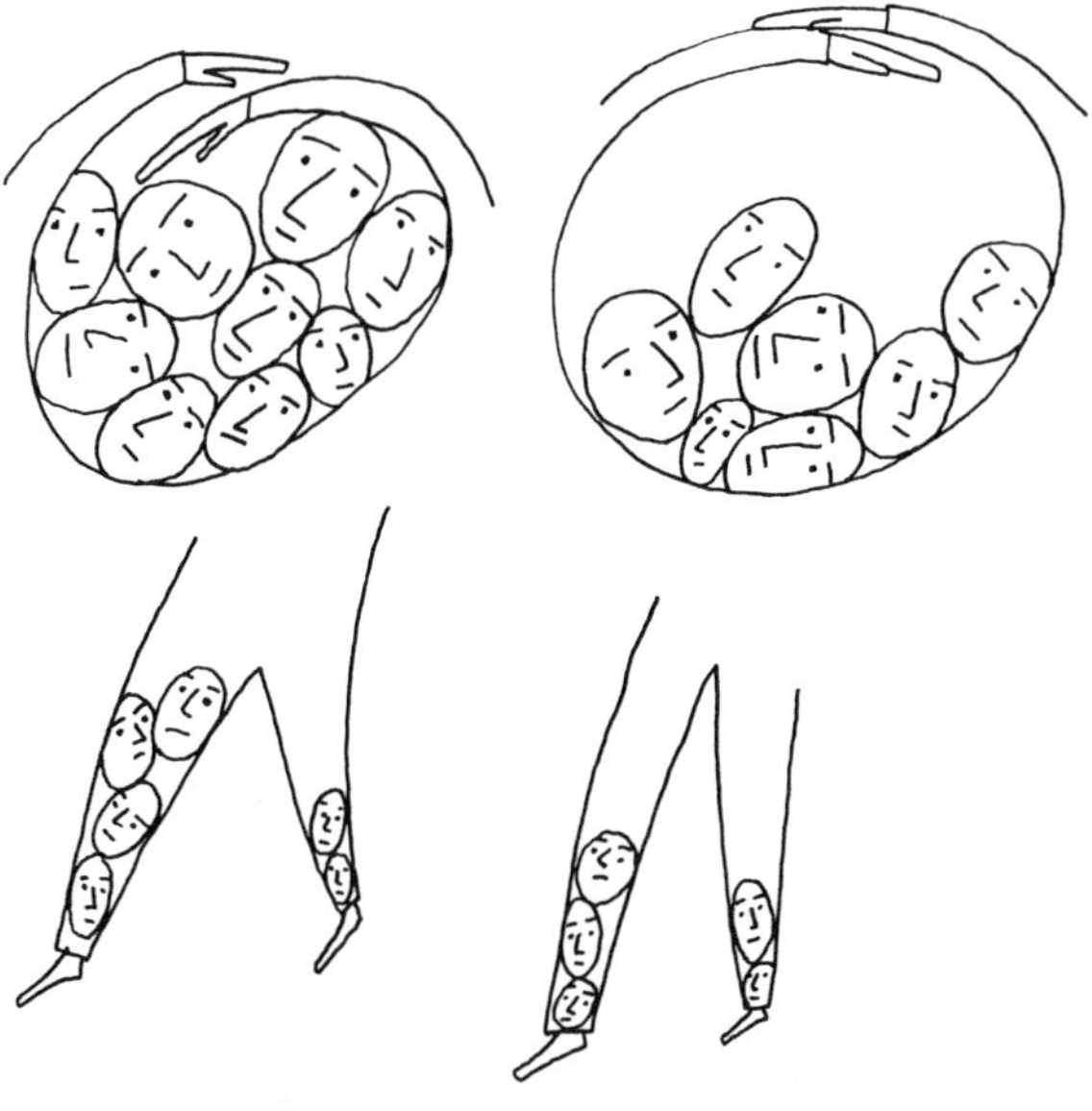

人間に大きな悦びを与え、
生きる理由を教えてくれるのも、やはり欲望だ

「究極の問い」はどこにいきつくか？

宇宙は時間的に有限か／無限か
宇宙は空間的に有限か／無限か
物質をくだいていくと最小単位にぶつかるか／ぶつからないか
あらゆる物事の究極原因はあるかないか

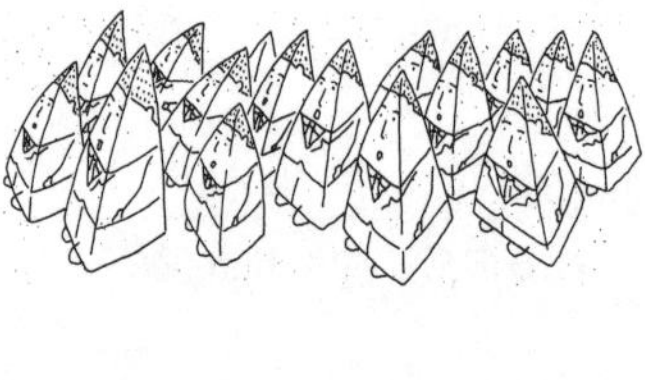

答えようとすることがまちがっている（カント）

ブッダから二千年以上も年月がたったあと、十八世紀のドイツの哲学者カント先生は、「宇宙のはじまり」の難問にこう対応した。〈この難問に解答しようとするのが、まちがっている。これはそもそも解答不可能な問いなのだ。「これが解答不可能であること」はきちんと証明できる〉

カントもまた、正面から答えようとはしていない。彼が素晴らしく独創的だったのは、〈そもそも、どのようにしてこの難問は発生してきたのか〉と考えたことだ。**問いに答えようとするのではなく、問いそのものを疑い検討してみる。**こういうやり方を、彼はとった。

カントの考えたことを、ぼくなりにだいたいたんに言いかえて説明してみる。

わたしたちは、現在から出発して頭のなかで時間をどんどん遡ってみることができる。「一年前にはこうだった。ぼくが生まれる前はどうだったのだろう。百年前、二百年前、人類が生まれる前、地球ができる前は?……」。こうやって問うていくと、「究極」まで行きたくなってしまうのが人というもの。「そもそも宇宙がはじまった時点はどうだったのだろう。それとも、はじまりなんてものはないのかな?」

同じように、じぶんのいる場所からどんどん頭のなかで空間をひろげていくと、「宇宙の果てはどうなっているんだろう。それとも、果てなんてないのかな?」という疑問がやってくる。また、目の前の物を頭のなかでどんどん細かくくだいていくなら、「いつかはもう分割できない最小単位にぶつかるのだろう。それとも、そんな究極の最小単位なんてものはないのかな?」ということになる。

つまり、これらの難問は、**人間の頭(知性)が生み出す難問なのだ**。人間の知性は、「もっともっと先」を考えることができるし、だからこそ、「究極の解答に到達したい」と思うのである。そしてここから、ふたつの説の対立も生じてくる。

①「はじまりがある」説……宇宙(時間の流れ・空間のひろがり)を全体として把握したい、とわたしたちは願う。その願いは、宇宙を「完結したもの」「有

限なまとまり」としてとらえようとする傾向を生み出す。「宇宙はこうやってはじまり、それからこういう歴史を経て、現在に至ったのですよ」――こういう説明をされると、わたしたちは納得し、満足するのだ。つまり「はじまりがある」という説は、まとまった説明をもとめるところから生まれてくる（注1）。

②「はじまりがない」説……ところが、いったんビッグ・バンのようなはじまりを設定してみたとしよう。すると、「そのまた前はどうなっているの？」とわたしたちは問うことができるし、また問うてしまう。わたしたちはどんどん遡ってビッグ・バンの前を問い、原子のなかに素粒子をみつけ、さらに素粒子の成り立ちを問うていく。この作業には、限りというものがない。そして、このような「作業の限りなさ」を直観するからこそ、「宇宙にははじまりなどない」「物質の

（注1） もっと凝った説明もできる。
じつは時間は円環をなしていて、はじめは終わりとつながっている、なんていうもの。これは「はじまりがある」説ではないが、あるまとまりとして時間の流れをイメージしようとする、別の手段である。

最小単位など存在しない」という説が生まれてくるのだ。

こうやって考えてみると、宇宙にはじまりがあるという説も、はじまりがないという説も、同じところから発していることがわかる。「全体をまとまりとしてとらえたい」からこそ、「はじまりはなくてはならない」。しかしまた、「もっと知りたい」からこそ、「はじまりを認めてはならない」。**どちらも、究極の説明をもとめようとする欲望から、発している。**

でもやっぱり、ほんとうはどっちなんだろう

それでもなお、こう考える人もいるかもしれない——〈ふたつの説が、そうやって生まれてきたのはわかった。でも、ほんとうのところ、どっちが正解なのだろう?「事実はひとつ」なのだから、答えは出せるように思えるけど〉

しかしやはり、答えを出すことはできない。わたしたちは、「はるかなる過去からの時の流れ」を、客観的な実在物(事実)のように考えてしまいやすいけれ

ど、これはむしろ**人間の頭の構築物**というべきものであって、「昨日の交通事故の件数」というような事実とはちがう。人間が「もっと前」を問い考えるからこそ、「はるかなる過去」というものが想定されるのだ（犬や猫にもおそらく時間の感覚はあるだろうけど、彼らにとっては「生まれる以前のはるかなる過去」などは存在しない）。まだ、納得できない人もいるでしょうね。その根本的な理由は、わたしたちがふつう、〈人が認識しようがしまいが、世界はそれじたいとして客観的に存在している〉と信じているからだ：じぶんが生まれてくる前から、そして死んだ後も、世界は存在していたし存在しつづけていく。わたしたちはさまざまに世界を見たり感じたりするけれど、客観的世界は唯一厳然として存在している、と。

でも、わたしが生きていなかったら、そもそも世界があることさえわからないのではないだろうか？　わたしがあれこれ欲したりあれこれと問いかけたりするなかで、世界はその姿を現わしてくるのではないだろうか？——この問題は「〈物〉と〈心〉、どちらが根本か？」の章で、さらに考えてみることにしたい。

ともあれカントは、世界認識はわたしたちの「心」が行う作業である、ということを気づかせた。彼はブッダとはまたちがった仕方で、「世界の謎」から、「世界の謎を問題にする人間の謎」のほうへと視線を移動させたのである。

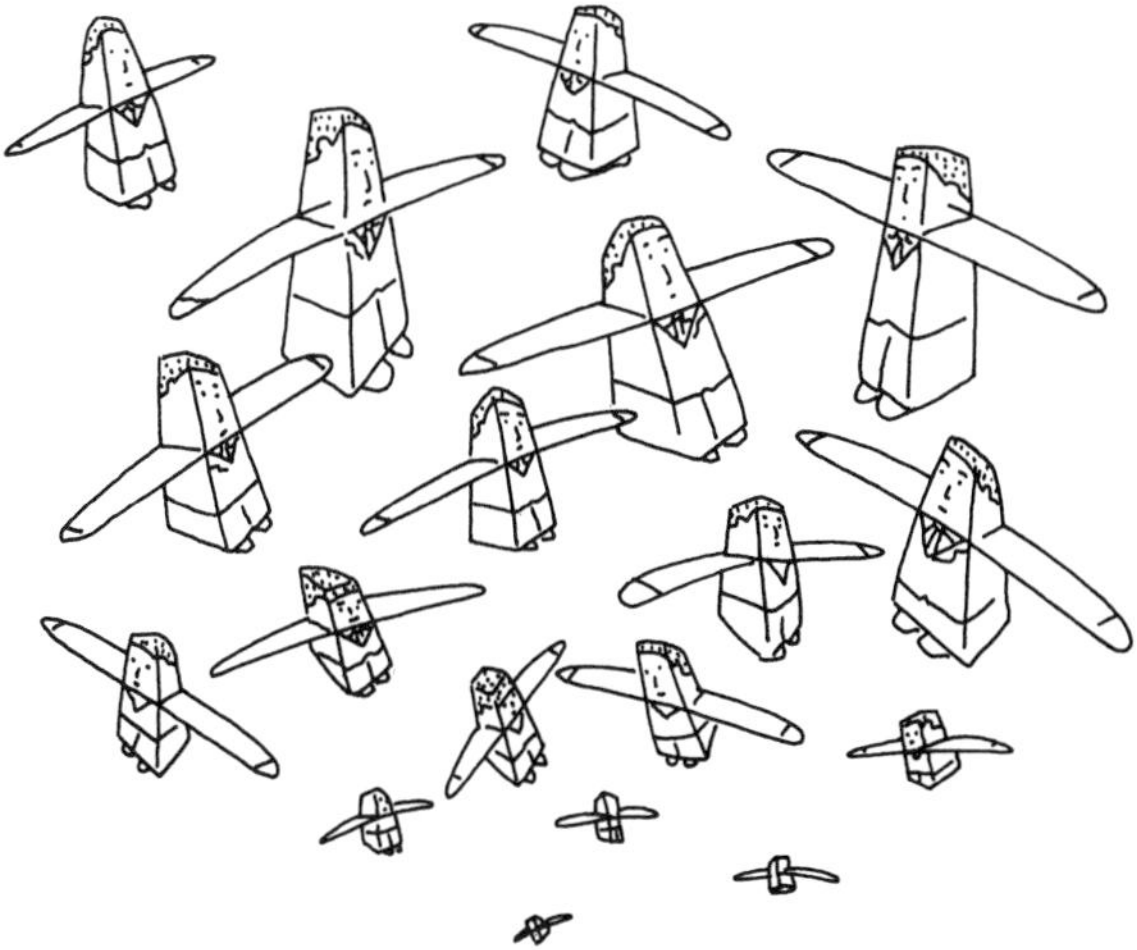

人間の知性は「もっともっと先」を考えることができる

自由な意志なんて存在しない？

心は物質の働きに還元されるのだろうか
だとすると、生きる意味なんてあるんだろうか
自由な意志も存在しないんだろうか

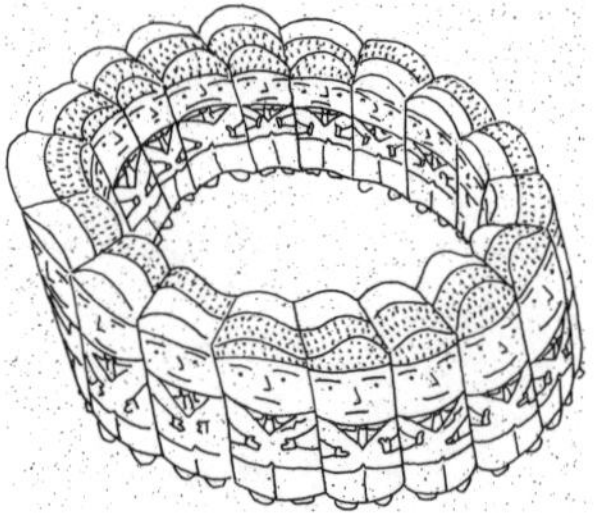

〈物理学的な世界像〉の登場

近代になって登場した自然科学者たちは、自然のなかにつぎつぎと数学的な法則を発見していった。これがおもしろくなかったはずがない。それはちょうど、未知の大陸を探検し征服していくような興奮をともなっていただろう。さらにこれらの法則は、じっさいに生産なり技術なりに利用されて大きな成果をあげていった。〈知は力なり〉というのは、十七世紀初頭の科学者・哲学者だった**フランシス・ベーコン**（注1）の言葉だけれど、この言葉には、宗教的な世界像から抜け出て、研究にも新技術の開発にも商売にもじぶんの力と才覚を自由にふるいはじめた

（注1） フランシス・ベーコン（一五六一―一六二六）。ルネサンス時代のイギリスが生んだ最大の思想家。多面的・多産な人だけれど、もっとも有名な著作は『ノーブム・オルガーヌム（新機関）』。さまざまな先入見を廃して、「実験」によって確実な知識を得る方法について述べている。

じめた、そういう近代のはじまりの時期の自信や明るさが感じられる。

こうして科学は発展し、それまでの宗教的な世界像とは異なったまったく新たな世界像を人びとのなかに広めていく。しかしそこからは、最初には予想もしなかったようなさまざまな「難問」が生まれてくるのである。

その世界像は、次のようなものだった。

〈均質な三次元空間のなかを、物質とエネルギーが数学的な法則にしたがいつつ、ぶつかりあい作用しあっている。これが永遠につづいていく〉——このような**物理学的世界**こそが真に実在する客観的な世界であって、わたしたちの経験している世界のほうは、たんに主観的で相対的なものにすぎない。つまり、わたしたちの感じる「色」は客観的には「光波の振動数」であり、物の「暖かさ」は客観的には「分子の運動」であり、「悩み」さえも「脳内の電流」ということになったのだ。

物理学的世界には意味も自由もない

でも、**物理学的世界にはまったく「意味」というものがない。**たんたんと法則にしたがった運動がくりひろげられていくだけで、ここからは、人間の**生きる意味**はどうやっても取りだすことができない。

近代以前の宗教や神話の世界像は、世界やじぶんたちの民族がはじまって現在に至るまでの「歴史」、いまでいう「地理」、そして「自然」のしくみなどをすべて含んでいる。しかしこれは、たんなる客観的な中立な説明とはちがう。それはどうじに、やっていいこと／わるいこと、積極的に価値のあること、魂の救済など、つまり「生きる意味」を教えてくれていたのだ。

近代のはじまりのころの自然科学者たちは、「自然の合理的な法則性を認識することは、創造者たる神の栄光を認識することでもある」という「信仰」をもっていたから、物理学的世界のなかに生きる意味をみつける必要はなかった。しかし後につづく人たちのなかには、「物理学の語ることが客観的真理だとすれば、神の存在もあやしいものだ」と考える人も出てくる。でも、物質とエネルギーの作用だけが永遠につづいていく世界のイメージは、神に代わる新たな生の意味を与えてくれはしない。だからそれはしばしば、**世界も生もおそろしく無意味である**、という感覚を与えるものになっていった。

さらにこの物理学的世界像からは、**「人間には自由意志がない」**という驚くべき結論さえ生まれてきた。近代科学は、いっさいの物事が厳密な法則性にしたがう、と考える。だとすれば、ある時点の宇宙の状態（いっさいの原子やエネルギーがどういう状態にあるか）がわかったならば、そこから百年後の宇宙の状態もまたおのずと決定されるはずである。つまり、**いっさいが決定されている**ことになる。自由意志にしたがって行為している、と思うのは、当人がそう思っているだけであって、「客観的にいえば」すべてが決定されていることになるのだ**（注2）**。

ぼくが大学生のとき、勉強会の仲間の一人から「人間には自由意志など存在しないのだ」とさんざんいわれて、その考えにどうしても太刀打ちできなかったことがある。そのことを考えながらじぶんのアパートに帰ってくる途中、ぼくは足もとがグラグラして世界がすごく不安定になってくるように感じたことを、よく覚えている。〈何を考え何を欲し何をやろうとも、すべて決定されている〉と考えたとたん、すべての希望や努力の意味が失せていくような気がしたのだ。

この難問に鋭く答えてくれた（とぼくに思えた）のは、二十世紀ドイツの哲学者フッサールだった。「物理学的世界こそ客観的真理だという考え方は、ひっくりかえっている」と彼はいった。

色があり音が聞こえ、手でふれられる世界、つまり五感で感じ経験することの

（注2） フランス革命時代の数学者・物理学者であったラプラスは「もし宇宙の原因をすべて知っている悪魔がいるとすれば、彼はその後宇宙に起こるすべてのことを予知できるであろう」といった。そこで、こういう厳密な決定論のことを「ラプラスの悪魔」ともいう。

しかし、現代の物理学では、厳密な決定論はすでに否定されている。

できる世界を、わたしたちは生きている。こういう世界の在り方は、近代人だろうが、古代人だろうが、どんな時代や社会を生きる人間でもそれほど変わらないだろう。だれだって、水の手ざわり、赤い太陽の光、風の音を感じて生きている。

わたしたちが経験しているこの世界――これをフッサールは《**生活世界**〈生きられた世界〉》という――のほうがおおもとであり、そこに生じるさまざまなことがらを「説明」するために創り出されたのが、科学であり物理学的世界なのだ。科学のほうがむしろ二次的なものだ、とフッサールはだいたいたんに述べた。

ナルホド、そう考えるなら「自由意志はないのか」と悩む必要はなくなる！この考え方を知ったとき、ぼくはハッと腑に落ちるものがあった。ようするに、**生きていること・経験していることが先である。科学や情報や説明はその後からくる**のだ。〈科学は「物的世界」の秩序を見事に解明するが、「心の世界」つまり生きる意味や自由の問題を語れず、むしろそれを抹消しかねない〉。近代の哲学者たちは、この難問をめぐって四苦八苦してきた。後で知ったことだが、フッサールの考えもまた、そうした試行錯誤の末に現われたものだったのである。

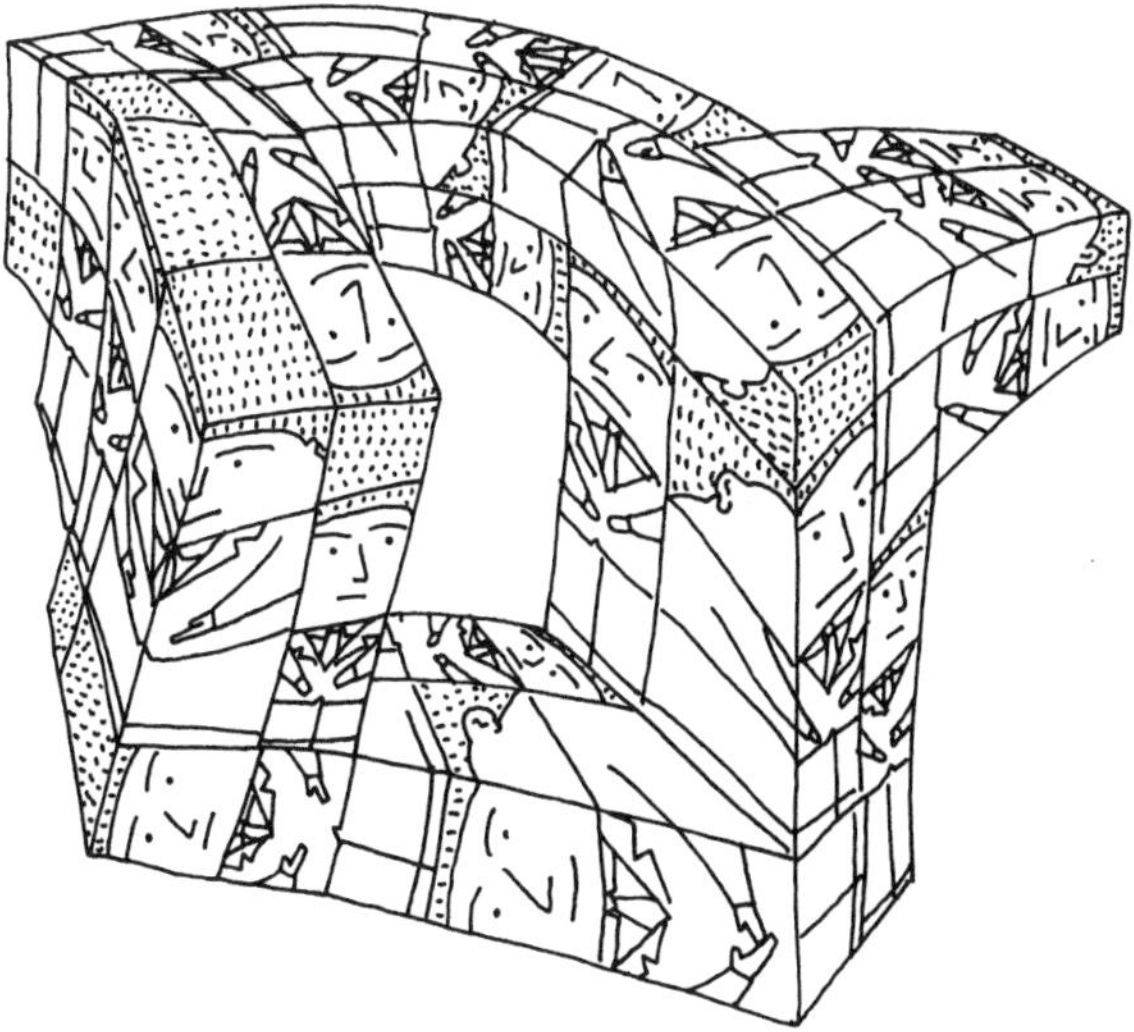

「物理学的世界こそ客観的真理だという考え方は、
ひっくりかえっている」

主観は客観に到達できない？

〈心（主観）〉はどうあがいても
心の外に客観的に存在する現実にはふれられない
だって、ふれたと思ったときには、もう〈心〉のなかに入っているんだから

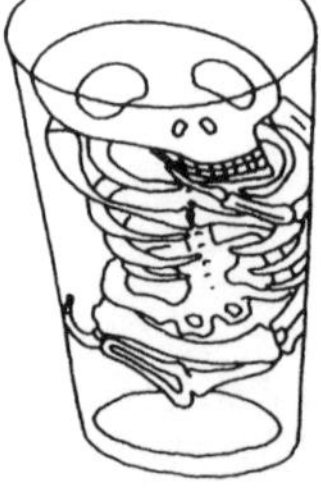

確実な認識に至るための「いちばん最初の出発点」

十七世紀フランスの哲学者**デカルト**（注1）は、**近代哲学の父**と呼ばれている。それは彼が、ほんとうに素直に**絶対に確実な真なる認識**に至ろうと願って、その出発点を築こうとしたからだ（二十世紀の現代哲学になると屈折してきて、そもそも唯一の真理なんてないよ、と口々にいいはじめる）。

デカルトは、『方法序説』のなかでこんなふうに語っている。〈じぶんは若いころにさまざまな学問を学んだが、信頼してよいかどうか疑わしいものも多かった。

（注1） ルネ・デカルト（一五九六—一六五〇）。『方法序説』を読むと、デカルトという人がじつに力強く明晰な精神をもっていることがわかる。近代初頭の哲学者は率直に語る。文章がとてもいいので、ぜひお読みください。なお「われ思う、ゆえにわれあり」が出てくるところは、『方法序説』よりも『省察』のほうがくわしい。

とくに、いちばん根本の学であるはずの哲学ほどあてにならないものはなくて、ある学説があればかならず反対論もあるというぐあいだった。そこでわたしは、絶対に確実な認識のためのきちんとした出発点をまず土台としてつくり、そのうえにすべての学問の建物を積みあげていくようにしたいと思った〉

つまり、**哲学を土台にしてあらゆる学問がむすびつき、ひとつの真理の学問ができあがる**。これを、近代の哲学者たちは夢みた。

では、何がその出発点たりうるか？　デカルトは自問自答する。

数学や**論理学**はどうか。これはとてもきちんとした学問だ。——デカルト：あらゆる学問の「基礎」を定めようというのだから、これまでの学問はどれも用いないことにしておこう。

では、「目の前にコップがあること」。これはたしかだろう。**見たりさわったりできる事物の存在**を疑ったら、生活していけない。——デカルト：でも、それは**夢**かもしれない。それに、神さまがじぶんの心に、現実とはちがった**嘘の映像**を送りこんでいる可能性だってある！　わたしたちはふつう、事物が現実に客観的に存在しているると信じているけれど、**事物の存在は疑おうと思えば疑える**のだ。

しかし事物の存在を疑ってしまったら、いったい何が残るのか？——デカルト：コップはほんとうには存在していないかもしれない。でも、いまコップらしきものを見ていること、さわって表面のツルツルを感じていること、こうしてあれこれと考えていること、これだけは疑えない。感じたり考えたりしているわたしが存在していること、これは疑うことはできない。**われ思う、ゆえにわれあり。**

デカルトがはじめてあらわにしてしまったこと、それは、**わたしたちは〈心〉の外には出られない、**ということだ。たしかに「目の前にコップはある」としか思えないけれど、そう思っているのは〈心〉なのである。そのコップはあくまでも〈心のなかのコップ〉なのだ。〈心〉の外側にコップが実在していることを、〈心〉の外に出てたしかめることは、できない。

しかしこれは、「客観的認識」をもとめようとする近代哲学・近代科学にとっては、大スキャンダルだった。**〈それじたいとして存在する客観的世界〉に〈主観〉が一致すると、それこそが〈真理（真なる知）〉である、**というのが、当時の常識的な考えだった。しかし、デカルトのいうように客観（物）に主観（心）がふれることができないとすれば、いっさいが主観的な相対的な認識であることになって、真なる学問は成り立たなくなってしまう……。近代哲学は、デカルト以後、まさにこの問題をめぐってまわりつづけていく。

神によって主観と客観をつなぐ

では、デカルトその人はこの問題をどう解決しようとしたのか。これは、はっきりいって、ずさんなやり口だった（とぼくは思う）。

彼はまず、「神の存在証明」を行う：わたしのなかには「完全性」という観念がある。わたしじしんはいつも疑ったり迷ったりしているのだから、どうみても不完全な存在でしかない。なのに完全性の観念があるということは、神さまがいてその観念をわたしに吹きこんだと考えるしかない。

こうして神の存在を証明したうえで、彼はいう：神は完全な善意ある存在だから、わたしを欺くことはありえないし、人間の認識能力をきちんとつくってくれているはずだ。だから、わたしの〈心〉に「たしかに物体がある」と思えている以上、〈心〉の外側にも〈物〉は実在する、と考えていいだろう。

ようするにデカルトは、**神をもちだすことによって、主観と客観が一致することを保証させた**のだ。

デカルトはこうして、次のように結論づけた。世界には、二種類の実体（真に存在するもの）**（注2）**がある。ひとつは**思惟《しい》する実体**＝〈心〉であり、もうひとつは**延長する実体**＝〈物〉である。物体は空間のなかに一定のひろがり（延長）**（注3）**をもつが、精神はひろがりをもたない。つまり〈物〉と〈心〉はまったくちがった種類の実体であって、一方を他方に「還元」することはできない。

（注2） 実体（substance）。語源的には「下にあるもの」というくらいの意味。物事の根底に存在している「真なる実在」を表わす哲学用語として使われる。

（注3） 延長（extension）とは、三次元空間のなかで物体が占める「ひろがり」のこと。

この**物心二元論（注4）**は、物理学的世界像を正当化するとともに、その難点をうまくカバーするものだった。物理学の厳密な法則は物についてはたしかに成立するけれど、心は心として自律した世界をもつ。そう考えることで、自由意志や生きる意味が失われるのを、デカルトはふせいだのである（**↓自由な意志なんて存在しない？**）。しかしこれは、だれもが満足できる解答とはいえなかった。つづく哲学者たちは、〈どうやって客観的な真なる認識を手にいれることができるのか〉《《心》と《物》では、どちらが根本的なのか〉という問題を考えずにはおれなくなるのだ。

（注4）物と心はともに実体であるという考え方が〈物心二元論〉。物質だけが実体で、心は物質の働き（脳の働き）によって生まれると考えるのが〈唯物論〉。逆に心だけが真に存在していて、物はそれじたいとしては存在しないと考えるのが〈唯心論〉。物が客観的に実在するかどうかはともかく、「心を通さないかぎり物にはふれられない」と考える立場はひろく〈観念論〉と呼ばれる。

わたしたちは〈心〉の外に出られない

〈物〉と〈心〉、どちらが根本か？

唯物論者はこういう：〈心〉は脳の活動によって生じるのさ
観念論者はこういう：でも〈心〉がなければ
物も世界もあるかないかさえわからない

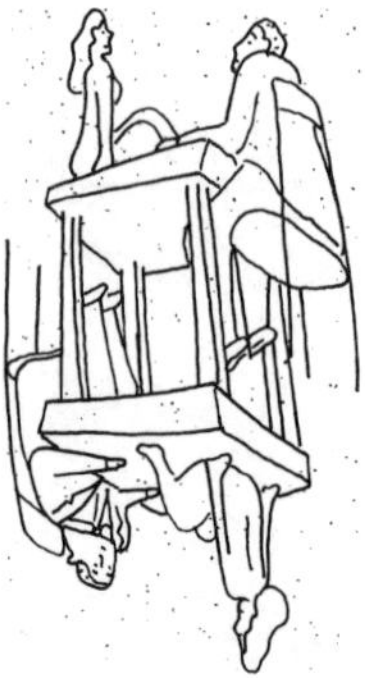

〈心〉だけが真に存在する？

〈物体は心の外にはいっさい存在しない。物体が存在するとは、知覚されること、すなわち、知られることだからだ〉。十八世紀イギリスの哲学者バークリー（注1）は、だいたんにこう述べた。

前章でみたように、デカルトのなかにすでに、〈心〉の外部には出られない、という考え方があった（**↓主観は客観に到達できない？**）。だとすれば、**積極的に〈心〉の内部にとどまってそこから考えよう**。それがバークリーの発想だった。

（注1）ジョージ・バークリー（一六八五―一七五三）。代表作は『人知原理論』。『ソフィーの世界』（ヨースタイン・ゴルデル）で大きく扱われたので、みなさんにはおなじみかもしれない。哲学者アルベルトと少女ソフィーを物語に登場させてあやつっている少佐（ヒルデのパパ）が、バークリーのいう神に相当するわけです。

つづいて彼はいう：いっさいの対象は心のなかに登場する「像」である。ところがその像にも種類があって、ある種の像は「強制的に立ち向かってきて自由にならない」。つまり消そうと思っても消せない。またある種の像は「じぶんで自由に思い浮かべたり消したりできる」。消せない像のことをわたしたちは「事物」と呼び、消せる像のことを「空想」と呼んでいるのだ。

この発想のなんと新しかったことか！　ふつうわたしたちは、**心の外側に客観的に事物が存在していてそれが心に映じる**と考えている。ところがそうではなく、心に現われる像の特質によって、ある像は〈実在する事物〉に、また別の像は〈空想〉に分類される。つまり、**心の内部にとどまっていても、ちゃんと〈客観的に実在する事物〉と〈たんなる空想〉は区別できる**のだ。

ところが残念なことに、バークリーは「心の内部にとどまる」という発想を貫きとおすことができなかった。そして、デカルト同様に「神」をもちだしてくる。〈本人の消すことのできない事物像があるということは、じぶんの心よりも高次の精神、つまり神が存在することの証拠である。神が個々人の心に事物像を描き出すからこそ、個々人には消せないのだ。じつは人間の《心》は、神がそこにさまざまな像を描き出す、いわば**神さまの劇場**なのであって、その意味では、神のみが唯一真に存在する実体なのである〉

つまり、**心の外部に存在していて心の働きを統御しているもの**――コンピューターの比喩でいうと、心というディスプレイに連続して映っていく画像をプログラムしている人物――がいるはずだ、と彼は考えた。それが彼のいう「神」なのである。なぜこうなってしまったのか、といえば、〈唯一の不変なるものをどこかに想定したい〉という誘惑に逆らえなかったからだ。唯物論者が〈認識されようがされまいが関係なくそれじたいとして存在する客観的現実〉を想定するように、バークリーもまた、〈神という至高の実在〉を想定せずにはおれなかった。

〈心〉は真偽・善悪・美醜の判断基準をじぶんのなかにもっている

〈心のなかにあえてとどまる〉という考え方をとことん徹底したのが、二十世紀ドイツの哲学者**フッサール**である。彼はじぶんの立場を《現象学》と呼んだけれど、そのネーミングは、**いっさいの対象は意識において現われてくるもの（心的現象）である**、というところからつけられた。

さて、〈心〉のなかにとどまってみると、**〈真偽とは心の外側に存在するはずの客観との一致・不一致である〉という常識はじつは成り立たない**、ということがわかってくる。心の内側で真と偽、実在と非実在が区別されているのだから！

たとえば、みんなで談笑しているときに、とつぜん空間が裂けてトラが飛びだしてきたとしよう。ぼくは驚いてのけぞったのに、他の人たちは何事もなかったように話をつづけている。こうなると「どうもぼくは頭がおかしくなったらしい。幻覚を見ているのだ」と思うだろう。しかし、同時にみんながのけぞったのなら「ありえないことだが、やはりこのトラはほんものだ」と考えるしかなくなる。つまり、**他人の賛同があるかないかが、現実か幻覚かを決定する基準となる**。そしてもちろん、トラもみんなも、すべてがわたしの心のなかに登場してきたものなのだ。

ふつうわたしたちは〈客観的世界が存在して心はそれをじぶんなりにうけとっている〉と考えているけれど、むしろ逆に、登場してきたさまざまなものを材料にして**心が世界をつくりあげている**のである（注2）。心はあるものを幻想や夢や現実に分類するだけでなく、だれかの意見を真と偽に、行為を善と悪に、物事を美と醜に分類し判断している。それらの判断基準はすべて心のなかにあるのだから、**〈心がもっている真偽・善悪・美醜などの判断基準（ルール）を、心そのものの観察によって取り出すこと〉**ができるはずだ。現象学はこのことを課題とするのである。

近代哲学は、唯一絶対の真理や正義がどこかにある、と信じてそれをもとめた。

（注2）では、現象学は「脳の働きから心が生じるという考えはまったくのデタラメだ」と主張するのだろうか。そうではなく、このような科学的な説明が有力な説明であることはもちろん認める。ただ、それがあくまでも「仮説」であることと、物理化学的な因果関係を認識するのは心に他ならないこと、その意味で心のほうが物的因果関係よりも「根本的」であること、を主張するのである。

しかし、十九世紀から二十世紀にかけての時代は、唯一絶対の真理を得たと思いこむ人びとどうしの殺しあいの世紀でもあった。

《現象学》は、「むこうがわに存在するだろう唯一絶対の真理」をもとめることから、問いの方向を大きく**じぶんのほうへ**と転換した。〈唯一の真理・正義は何か〉ではなく〈なぜわたしにはこれが真実だと思えるのか〉〈なぜわたしはこれをよくないと感じるのか〉と問う。こうやってじぶんじしんの中身を耕していくことは、おのずと〈どういう基準をとることをわたしは望むか〉ということに通じるだろう。

それとともに、**他人を問うてみる**。〈なぜあの人はこれをよくないことだというのだろうか〉。どういう条件のもとにその人は、またわたしは生きてきたのか。生きてきた条件と価値観について鋭敏になること。互いが深く理解しあうために。

そして、**人間存在そのものへと問うていく**。〈美とはどういうことか〉〈善とはどういうことか〉〈人間は何をもとめて生きているのか〉。

こうして現象学は、《哲学ゲーム》をほんらいのかたちへと連れ戻したのだ。

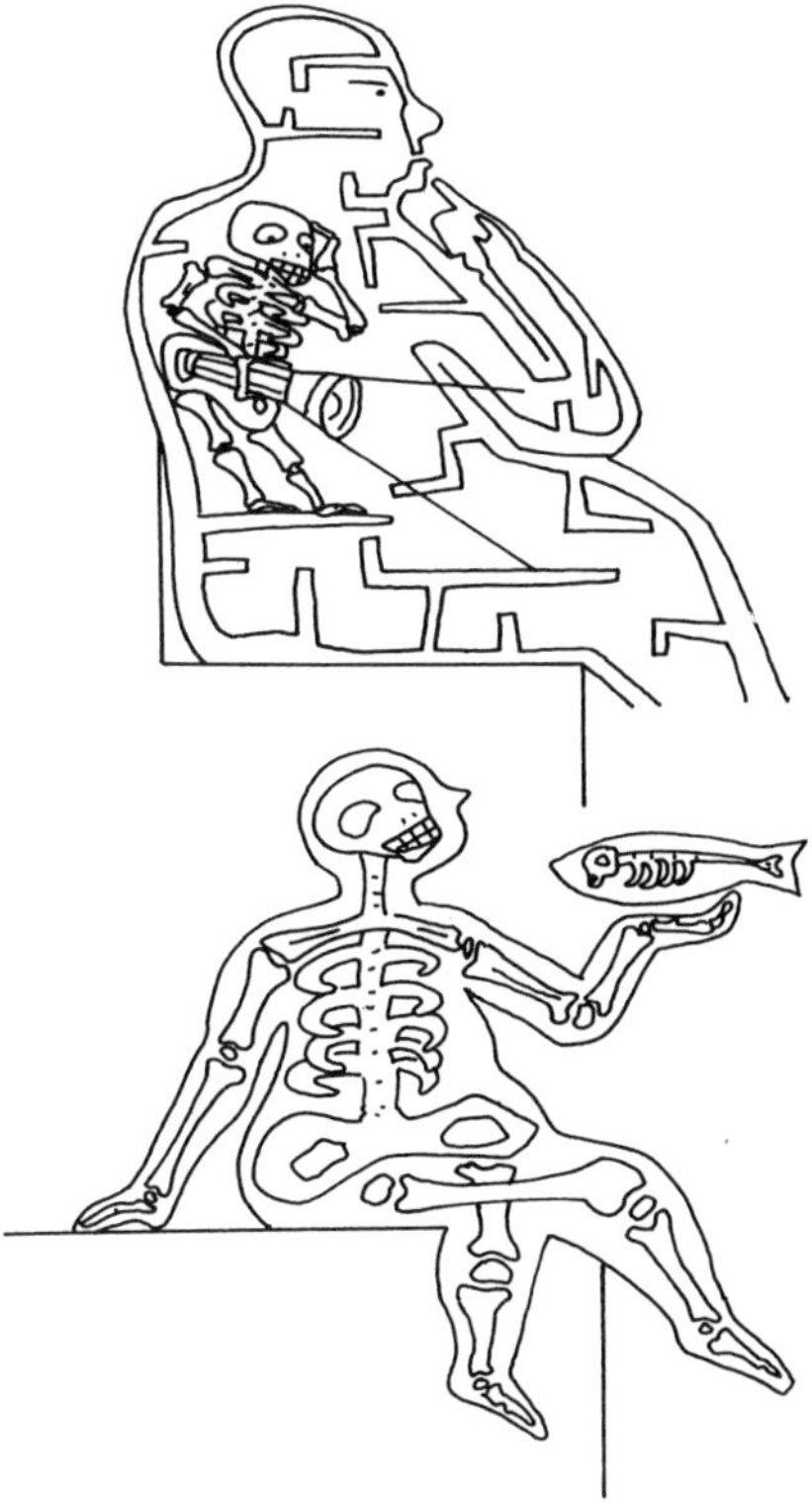

人間の意識は物事の真偽・善悪・美醜を判断する基準を
じぶんのなかにもっている

夢と現実はどうちがう？

わたしたちはふつう、じぶんの経験を夢と現実とにハッキリ区別できる
でも、どういう基準でわけているのだろう
つきつめて考えていくと足もとがグラグラしてくる

夢と現実をわける基準はじぶんのなかにある

わたしたちはふつう、唯一の現実のなかを生きている、と信じている。そして、夢は眠っているあいだに頭のなかで起こっているだけだ、と考える。でも、現実の体験も夢の体験も、同じく「体験」であることに変わりはない。とすれば、わたしたちはじぶんの体験を、何かの基準によって現実か夢かに分類しているのだ。

そしてこの**判断基準はじぶんじしんのなかにある**。だからはっきり自覚してはいなくても、なんとなくわかっているはずなのだ。これを取り出してみることにしよう。これは《現象学的方法》（注1）のトレーニングでもある。

（注1）現象学的方法を一言でいうと、意識にそなわっているさまざまな判断基準（ルール）を、意識そのものの観察によって取り出そうとする方法。くわしくは前章「〈物〉と〈心〉、どちらが根本か？」を見てください。

——「夢と現実の区別？　そんなの簡単ですよ。**目が覚めれば**現実でしょう」。そう思った人もいると思うけど、でもこの答えはちと甘い。だって、**目が覚めるとはどういうことか、**がまさに問われているのだから。——「でも目が覚める感覚ってあるでしょ」。たしかに〈けだるい感じが遠のいて世界がはっきりしてくる感覚〉とともに、わたしたちは夢から現実世界に戻ってくる。でも、この〈目覚め感〉もそれほど信用できない。だって、「起きて会社にいく準備をしていたつもりだったのに、それがやっぱり夢のなかだったんだよね、遅刻しちゃった」という経験をした人もいるのだから。

では、「今度こそほんとうに目が覚めたのだ」と判断させるものは何だろうか。それは、まちがいなく**いつもと同じ現実**に戻ってきた、という感覚であろう。夢には「一時的」「その場かぎり」という感じがあるのに対し、目覚めることによってわたしたちは「いつもと同じ現実」に帰ってくるのだ。

〈現実〉は首尾一貫したストーリーをなしている

〈夢〉の体験では、じぶんの部屋のなかにいたかと思うと、次の瞬間には見知らぬ街のなかにいたり、いっしょにいたAさんがいつのまにかBさんになっている。そしてそれをあまり不思議にも思わない。夢のなかでは、空間が安定したかたちで長つづきしないし、時間の流れもしばしば中断するのだ。

それに対して、〈現実〉はきわめて安定している。ぼくはいつもの仕事場にいて、いつものワープロに向かっている。カーテンをあけて窓の外を見るなら、いつもと同じようにちょっとくすんだ色をした隣のアパートの壁があり、下のほうには木が何本か見える**はず**なのだ。そこにとつぜん海がひろがっていることはありえない（もし海がひろがっていたら、これは現実によく似た夢か幻覚なのだ）。現実の「空間」はきちんと安定した秩序をもっていて、その秩序をぼくは熟知している。

そして、この現実のなかのわたしは、やはり秩序だった「時間」の流れを生きている。この文章を書いているいまも、これが『哲学のモノサシ』の原稿であって、いつが締切りであるかもわかっている。そして、一年くらい前にイラストレーターの川村さんが「絵と文章で哲学する本をやってみませんかあ?」といい出して、「そいつはおもしろそうだ、やりましょう」となったことを思い出せる。つまり、たんに「いま」だけがあるのではなく、「過去からのなりゆき」があって「未来の予定」へ向かいつつ、ぼくはいま文章を書いている。このように、時間の流れはひとつの**ストーリー**をなしているのだ。

まとめてみよう:**わたしたちは、時間的にも空間的にも首尾一貫したストーリーのなかを生きており、このストーリーを〈現実〉と呼んでいる。**

そしてわたしたちは新たに経験することを、この現実という名のストーリーのなかに組みこんでいく(こんなところに喫茶店があったんだ! 知らなかったなあ)。

しかし、一貫したストーリーにうまく組みこめないような経験(机の引出しのなかに宇宙空間がひろがっている〉に遭遇したときには、わたしたちはそれを現実から締め出して、〈幻覚〉とか〈夢〉のほうに追いやることになるのだ。

では、夢の世界がそれなりに首尾一貫したストーリーをかたちづくりはじめたらどうなるか。たとえば、眠るたびにヨーロッパの中世みたいな世界で目を覚ます。そこではぼくは王子様になっていて、狩りをしたり食事をしたりして、夜になって眠る。すると現実世界のほうで目を覚まして、西研としての一日がはじまる。もしこんなことがつづくなら、「あっちが夢でこっちが現実」とはいえなくなる。**ふたつの異なった現実を往復している**、といわざるをえなくなるのだ。夢とは、時間や空間が首尾一貫したマトマリをつくらないからこそ、夢なのである。

現実とみなすための基準は〈首尾一貫性〉と〈他人の同意〉である

さてこれまでの結論は、ある体験を現実と認めるための基準は、**いままでじぶんが生きてきた首尾一貫したストーリーのなかに調和的に組みこめるかどうか、**

ということだった。

さらにもうひとつ基準をつけくわえることができる：**他人の同意があるかないか**、である。かなり奇妙な体験（ＵＦＯを見た）でも、他人が「わたしも見ましたよ」と同意してくれれば〈現実〉であったことになる！　それが宇宙船かどうかは別としても、何かが空に浮かんでいたことだけは現実だったのだ。

つまり、わたしたちは**〈同じ現実のなかを他人とともに生きている〉**と信じている。だからこそ、他人が同意すれば現実になるし、同意しないと現実であるかどうかあやしくなる。また、他人が話すこと（ニュースもそうだ）の多くは直接に経験したものではないけれど、とくに疑う理由がないかぎり、それをわたしたちは現実のなかに組みこむ。わたしたちは他人を通じて〈現実〉を拡大しているのである。

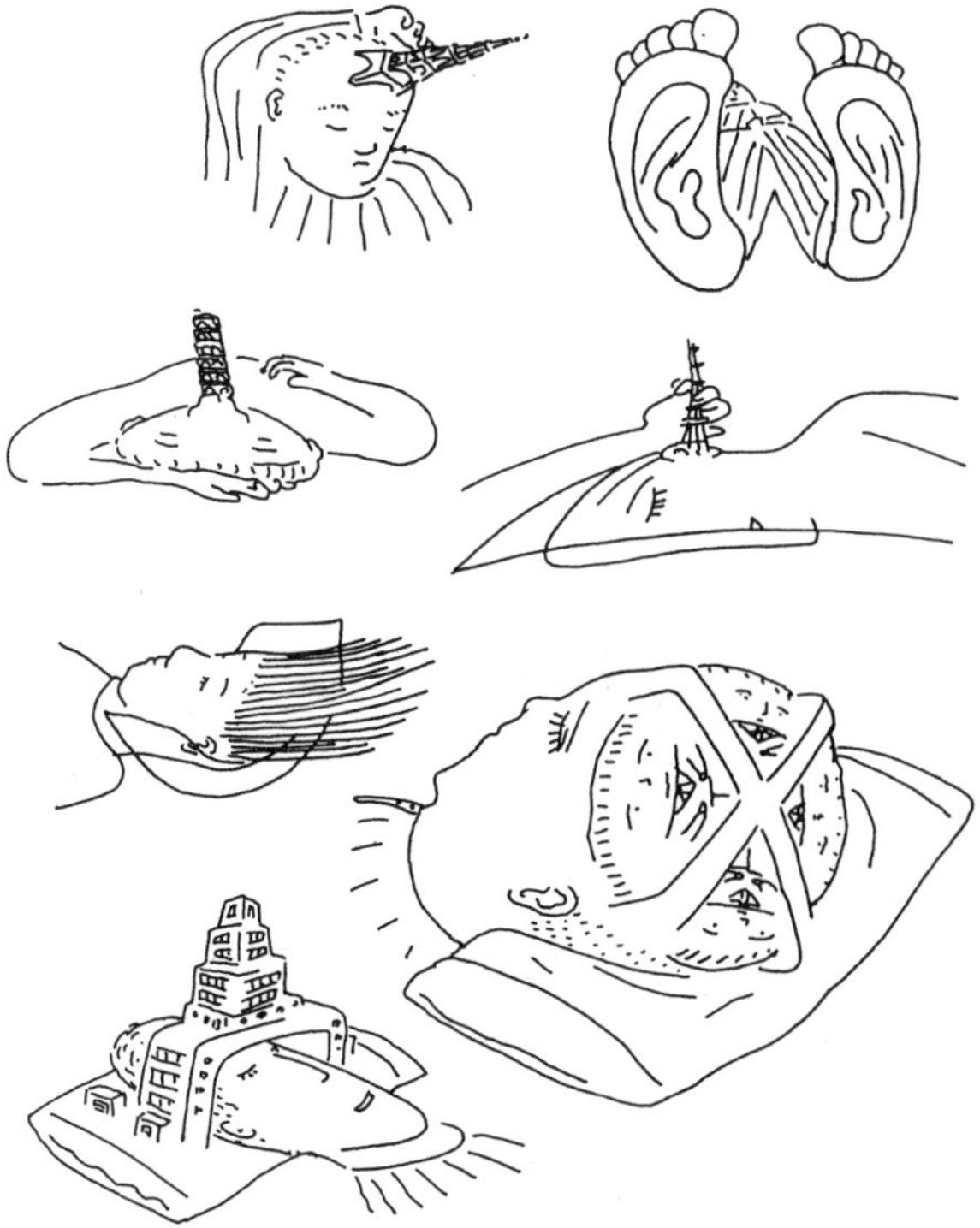

夢と現実をわける判断基準はじぶんじしんのなかにある

「現実を生きてる感じ」はどこからくる？

現実のはずなのに、何か夢みたいに感じられるときもある
現実感（リアリティ）は、どこからくるのだろうか
人はなぜイキイキしていたり、イキイキできなくなったりするのだろう

現実感がなくなってしまう

　わたしたちが元気に生きているときには、「現実を生きている」感じがする。手ざわりや手ごたえがある世界をちゃんと生きていると思える。しかしときには、たしかに現実であるはずなのに、「現実感」が感じとれなくなってしまうことがある。

　ぼくじしんも、学生時代の一時期、そういう感じだった。十八歳のとき地方から上京して池袋のアパートに住んでいたのだが、ちょっとした事情から大学にいく気がしなくなり、毎日、池袋の街をうろうろしていた。べつにいくところもないので、けっきょくいつもの本屋にいって本を立ち読みしたり買ったりする。そして、近くの喫茶店で買ったばかりの本を読みふける。

　池袋駅は私鉄や国電や地下鉄が交わっているので、地下の通路はいつもごったがえしていた。かなりのスピードで歩いていく人たちをぼんやり眺めながら、

「このなかのだれ一人ともぼくは関係なく生きているのだ」と思ったりした。

ときどき、同じ地方出身の友人たちとマージャンをした。マージャンだけは唯一リアルな世界で、「ここでは根性を出さなくちゃいけない、がんばらねばならないんだ」となんどもじぶんにいいきかせていたような気がする。根性を出して逆転勝利したときには、とても「生きている」という感じがした。

このころのことを思い出そうとしても、どこか、夢みたいに焦点をむすばない。ただよく覚えているのは、くやしさとも悲しさとも、さびしさともちがう、あてどない気分のなかにひたされていたような気がするのだ（気分をふりはらうことができずにそのなかに呑み込まれているところも、やはり夢っぽい）。

現実の秩序はどのようにしてできあがっているのか

わたしたちの生きている〈現実〉や、〈現実を生きている感じ〉をつくりだしているのは、いったいなんなのだろうか。前章につづいて、現実の秩序とはどのようなものなのか、ということから考えてみよう。

まず指摘できるのは、現実世界の「空間」は、数学や物理学の空間のような均質な空間ではない、ということ。そこにはさまざまな場所があり、それぞれがわたしが生きていくうえでの**意味**をもっている。

家は、わたしが食べたり寝たりする「ための」場所である。ホッと安心したり音楽を自由に聴いたりできる「じぶんに密着した空間」である、というほうがより正確かもしれない。公園は反対に公共的な場所で、わたしもふくめた「みんな」が緑を楽しんだりリラックスしたりする「ための」もの。会社は、わたしが働いて生活費をかせぐ「ための」もの。そして、A町はわたしの恋人がすんでいるところ。

つまり現実の秩序は、A町にいけば恋人に会える、会社に勤めるかぎり食べていける、という仕方でできあがっているのであって、「あらかじめ客観的に存在する現実」を意識が鏡のように映しとっているのではない！　もちろん、現実のなかのさまざまな物や人間も、わたしにとっての**意味**として登場してくる――いつも感動する大切なCD、恋人、いじわるな会社の同僚、というふうに。

こうして、場所も物も人物もそれぞれが意味をもっているけれど、その**大切さにははっきりとランクがある**。わたしたち一人ひとりはじぶんなりの〈かくありたい〉をもっている：恋人と会うことだったり、大変だけれど充実感のあるこの仕事をやっていくことだったり、ともかく音楽を聴いているときだけが幸せだったりする。そういう〈かくありたい〉に応じて、現実の秩序にもいわば濃淡がついているのだ。

二十世紀ドイツの哲学者ハイデガー（注1）は、いま述べてきたような事情を、**《可能性》**つまり**《ありうる》**という言葉を使って説明している：**〈人間はじぶんがどのように「ありうるか」ということを**（明確に意識していないときでも）**つねに配慮している〉**。人間はいつもじぶんの可能性（ありうる・ありたい）を新たにひろげようとしたり、いまもっている可能性を失わないように気づかったりしながら生きている。そしてじぶんの可能性を気づかうことによって、現実の秩序**（現実という名のストーリー）**をたえずつくりあげ・つくりかえている。この秩序はまた、〈これまで〜してきたわたしは、これから…で「ありうる」ために、いま—している〉というストーリーであるから、本質的に**時間的**な秩序でもある、と。

人間の生はじぶんにとって大切な可能性（ありうる・ありたい）を中心に営まれているから、それが何かの理由で消失すると、現実の秩序そのものも「無意味」になってしまう。たとえばひどい失恋をすると、会社にいく（つまり食べるための努力をする）ことにもなんの意味も感じられなくなったりする。生きていく意味がないのだから、食べるための努力をする気にならないのはあたりまえだ。

また、将来への展望（これからどうやって生きていくのか）がよくわからなくなってきたり、生活は安定していても充実する何かがなくなってくると、だんだ

（注1） マルティン・ハイデガー（一八八九—一九七六）。フッサールの弟子の一人。二十世紀最大の哲学者といわれることもあるが、ナチスの党員でもあった。戦後のフランス思想に圧倒的な影響を与えている。代表作は『存在と時間』。

ん現実はうすぼんやりとしてくる。

大学時代のぼくがなぜああだったのかというと、一言でいって、将来の展望が見えなくなっていたからだ。「官僚になって出世するんだ」と思っていたのが「どうも官僚は大企業と結託して悪いことばかりしている」と思えてきた。いちばんなりたかったのはギタリストだけど、「どうも才能がないみたい」。そのうち「何がよいことなのか」「何がやりたいのか」もさっぱりわからなくなってしまった。

希薄になった「生きている感じ」を取り戻すには、じぶんがそれまで生きてきた現実のストーリーとじぶんの欲望をあらためて検討しなおす必要がある。どこでつまずいたのか、いまのじぶんには何が「できる」のか、じぶんの「したい」ことは何か、と。新たな「できる・したい」(ありうる・ありたい)が見えてくると、新たなストーリーもできてくる。しかし当時のぼくには、そういう知恵はなかったなあ。

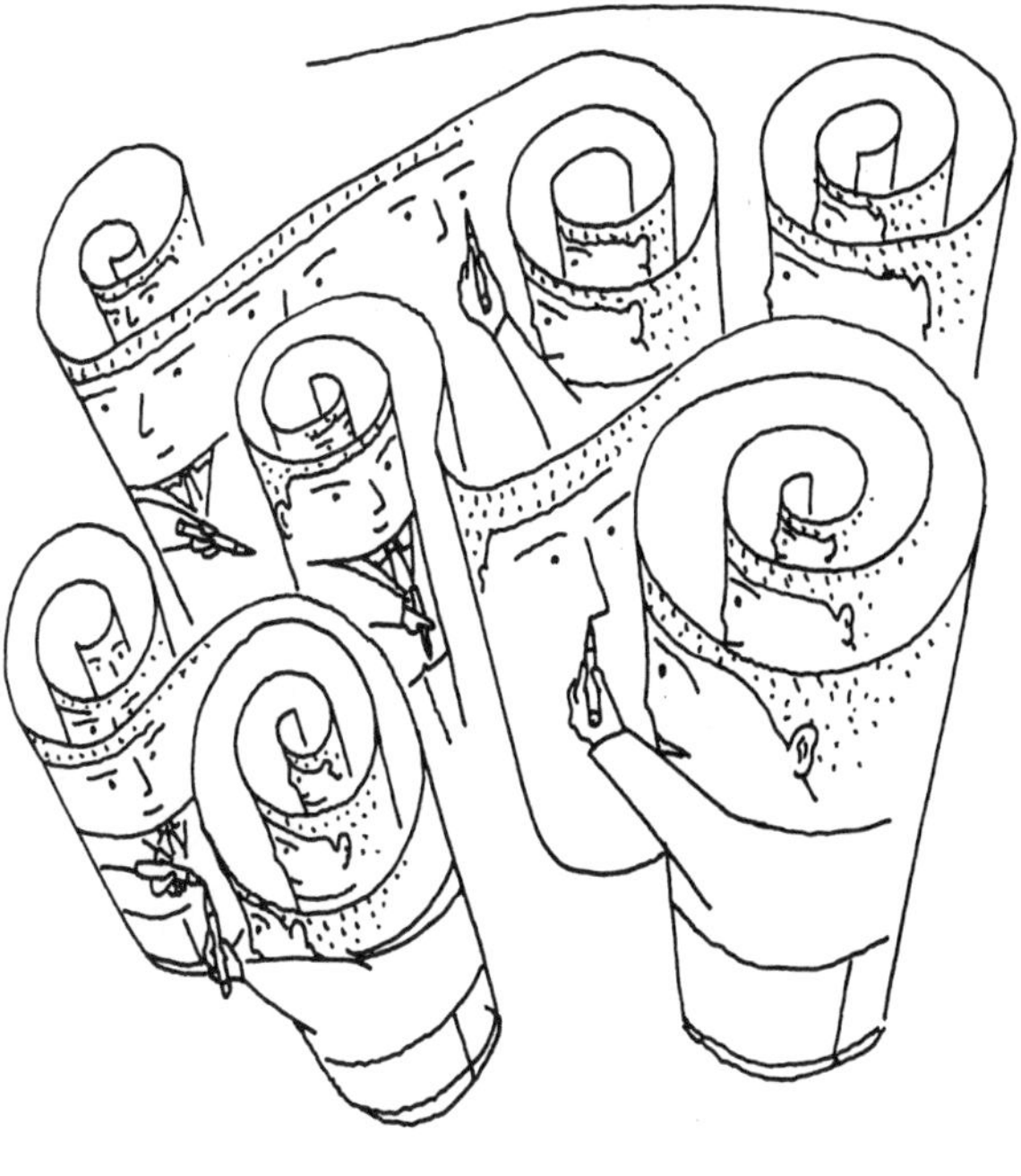

現実のストーリーとじぶんの欲望とをていねいに検討して、
現実とじぶんの関係を組み立て直さなくてはならない

生きてる実感のうすい人がなぜふえている？

学校や会社にいっていても、リアルに生きている感覚がとぼしい
何かにひきつけられることもなくて
だんだんじぶんが抽象的な生き物になっていくような気がする
——そういう人がふえているみたいだ

苦痛だけが生きている証拠？

ある人の言葉がとても印象に残った。「苦痛だけが、リアルに生きている感じを与えてくれると思うのです」。それはとても平静な言葉だったのだけど、〈生きている感じ〉をもとめているその人の姿が、まっすぐに伝わってきた。

たしかにわたしたちは、ひどく苦しかったときのことを不思議によく覚えている（失恋なんてとても苦しいのに、失恋の歌はみんなけっこう好きだ）。ひどく苦しみ絶望していることのなかに、かえって、じぶんのなかにいのちが燃えていることを感じとる。わたしたちのなかには、たしかにそういうところがある。

でもぼくじしんは、「苦痛だけ」がリアルに生きてる感じを与えるとは思わない。じぶんが進化して新しくなっていくことを実感できるとき、だれかをとても好ましく思えて好きになるとき、友だちと夜なかじゅう話しこみながら永遠の昔からそうやっていたような気持ちになるとき、気がつくと空にぽっかりと月が浮かんでいてとてもきれいだと思うとき、生きていると思う。

またある人は、こんな感じのことをいう。「じぶんの〈リアルに生きてない感じ〉のなかには、現代という時代が映し出されている。だからリアル感のないのがいまふうなのだ」。またある人は、「現実社会の歪みのせいでじぶんはこうなっている。現代社会が悪いのだ」。

これについては、はっきりと「ちがうでしょ」と思う。〈リアルに生きてない感じ〉がひろまってきたことに時代的な背景があるのは、たしかだ。けれど、そのことと、リアルに生きてないのは時代の最先端だからカッコいいと思うこととは、べつのことだ。——じぶんの生を時代や社会にあずけてしまっているかぎり、「じぶんはどうするのか・じぶんは何を欲するのか」という視点は出てこない。それに、〈リアルに生きてる感じがしないこと〉には、けっして時代の問題として一般化できない部分、その人の固有な事情の部分が大きい。そのことを考えることができるのは、その人でしかない。

〈価値ある生き方〉が外からは与えられなくなった

現代は、「こう生きることこそ価値がある」ということ、つまり**価値ある生き方のモデルが、広く共有された明確なストーリーとしては与えられなくなってしまった時代**だ。そうなってきた理由は、いくつかのレベルで語ることができる。

まず、ヨーロッパの近代がつくりあげた社会のシステム——わたしたちもまた、近代的なシステムのなかを生きている——は、もともと、**価値ある生き方を「公的に」与えることはしない**、という性格をもっていたこと。

近代科学の世界像が生きる意味を与えないことは、前に見た（**↓自由な意志なんて存在しない？**）。それだけではなく、近代のつくりあげた「人権と民主主義」のシステムも、「これが価値あることですよ、こう生きなさい」とはけっしていわないのだ。ヨーロッパでは、かつてカトリックとプロテスタントがさんざん殺しあいをつづけたあげく、「生きるうえでの価値観は個々人の自由にしましょう」

ということになった。そして〈異なった価値観をもつ人間たちが**共存**しあっていくために必要なルールを、民主主義的に決定する〉という基本線をつくっていった（注1）。だから、日本の法律にも「やってはいけないこと」は書いてあるけれど、「やるとみんながほめてくれるような価値あること」は書いてない。

では、価値ある生き方はどこから与えられていたのか。——ヨーロッパでいうとまずは**宗教**（神への献身）。次に、**ナショナリズム**（国家への献身）。近代という時代は、国々が自国の利益をもとめて植民地争奪戦をくりひろげていく時代だったから、国のために尽くす生き方には大きな価値が与えられた。さらに、ナショナリズムを乗り超えようとした**社会主義**（国家を廃絶し人類がひとつになって階級なき社会をめざす）の理想が生まれた。日本でも、ナショナリズムも強く社会主義もさかんだった。しかしいま、「国のために生きる」という人は少なくなり、社会主義の試みも失敗してしまった。「献身（貢献）すべき何か」は外からは与えられないのである（注2）。

とくに日本の事情をみると、明治以来、**学問を通じての立身出世**、また、**田舎**

から都会に出て成功する、ということはきわめて魅力ある生き方だった。〈農村・貧しさ・窮屈な「家」制度〉から脱出して、〈都会・豊かさ・自由〉をめざ

（注1）ヘーゲルは、人権と民主主義の制度がつくられたことには次のような理由があると考えた。

共同体の伝統的な掟や宗教的な掟にそのまま従って生きている段階から、しだいに人間は「じぶんの生き方はじぶんで決めたい」「納得できる合理的な法律以外には従いたくない」と考えるようになっていく。そこから、個人の自由意志を最大限尊重しつつ、共存するために必要な法律を民主主義的につくるというシステムが生まれる、という。

しかしヘーゲルは、このシステムが「生きる意味」を与えないことをよくわかっていた。そこで「国家に貢献している感覚」が必要であるとした。ここに、ヘーゲルが国家主義者として非難される理由がある。

（注2）自分の身を捧げ尽くす「献身」の対象をほしがるのは、ぼくは不健康だと思う。でも、「人が悦んでくれること」をする、ということじたいは、大切な悦びのひとつである。家族や地域や社会に、じぶんなりにどう「貢献」するか。この視点は人生を考えるうえで重要だと思う。

す。ちょうど大きな電位差のあるところに強い電流が流れるように、人間の欲望も太い流れとなってほとばしる。〈あそこに素晴らしいものが待っている。あそこにいきさえすれば！〉これこそ、高度成長のころまでの日本人の生き方の基本形だった。

しかしこの欲望のかたちは、一九八〇年ころを境にして終焉してしまう。都会的な生活と豊かさが日本じゅうにひろがり、ぜんたいとして人びとがきわめて高学歴化する。大学までいくのもすっかりあたりまえになった。もう、「あそこ」に素晴らしいものが待っているわけではないのだ。

人間の欲望は、「価値あること＝かくありたいこと」をめがけて流れる。わくわくすること、美しいこと、善いこと、そういう「価値あること」がとてもハッキリしていて、**じぶんはそこをめがけて生きている**と感じられるとき、人間はリアルに「生きている」という実感をもつことができる。

価値ある生き方が外から与えられなくなって、わたしたちは、じぶんなりに価値ある生き方を見つけ・かたちづくっていかなければならなくなった。そして哲学も、〈そもそも人間は何をもとめて生きているのか、人間の欲望の本性とは何か〉ということを真剣に問いはじめることになった（注3）。

（注3）はじめて自覚的にこう問うた哲学者は、ニーチェである。ニーチェの遺稿となった断片集『力への意志』のなかにこういう文章がある。「わたしの物語るのは、これからの二世紀の歴史である。わたしは、来るべきもの、もうちがった仕方でやってくることのありえないもの、すなわち、ニヒリズムの到来を書きしるす」。〈貢献すべき何か〉が失われていくのは歴史の必然である。そのとき、人はどうやってイキイキと生きることができるのか。これを考えるために、人間の欲望の「本性」を問わねばならないのだ。

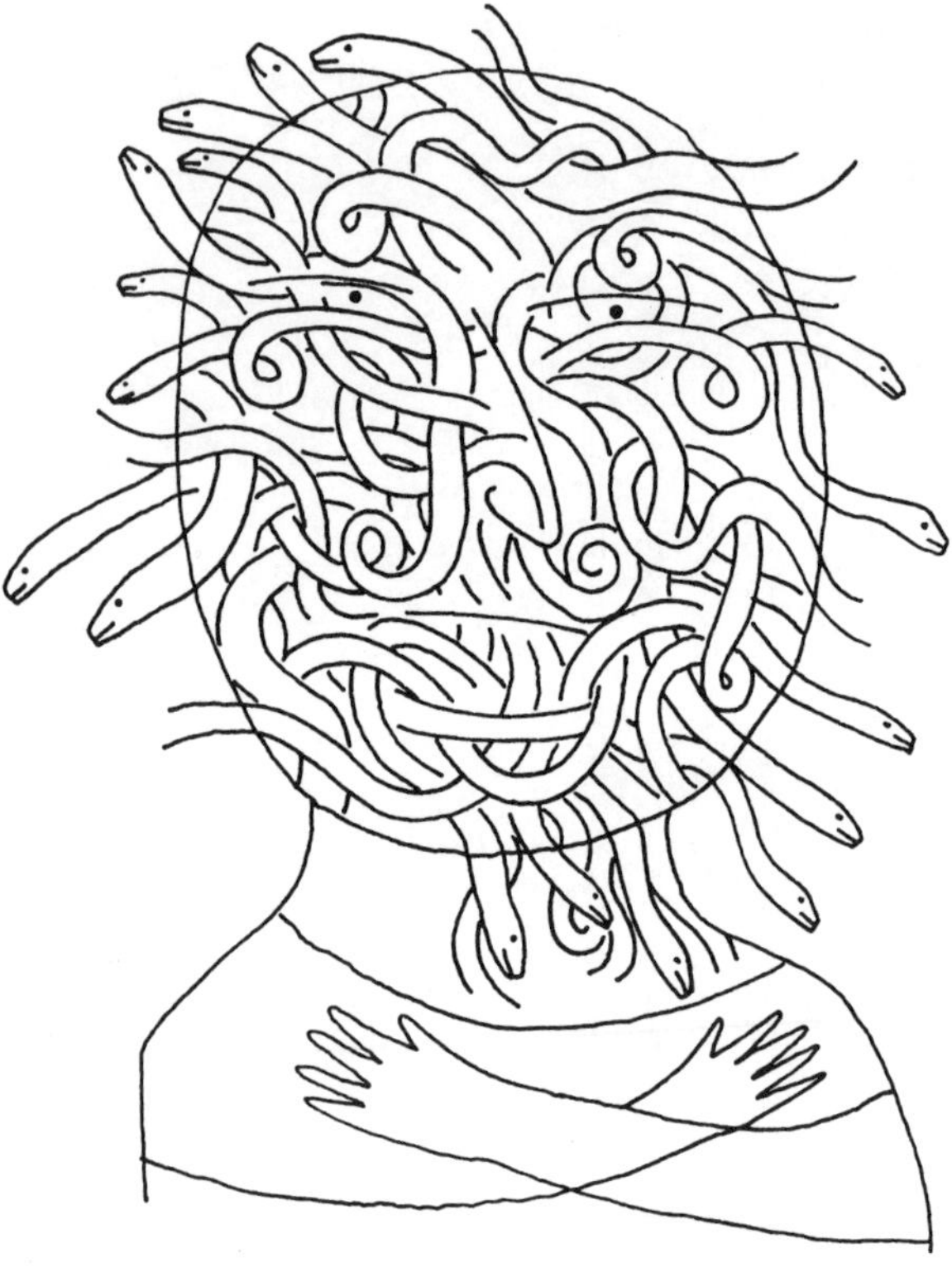

価値ある生き方が外から与えられなくなった

人は何をもとめて生きているのか？

あれもほしい、これもほしい
愛されたい、甘えたい、立派になりたい
人はそれらの「したい」から何を得ようとしているのか

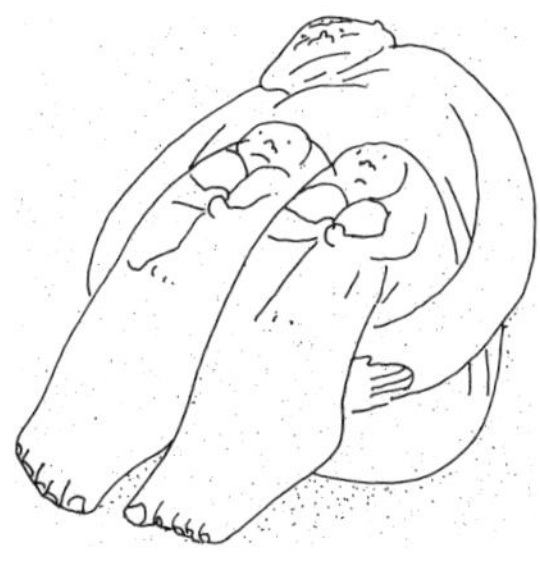

対象を通じて「何を」得ようとしているのか

人はさまざまなものをもとめる。おいしいものを食べたいし、新しいゲームソフトもほしい。コンサートにもいきたい。恋人がほしい。温泉にいきたい。あんな奴ぶっころしてやりたい！　いい仕事をしたい。いい女と呼ばれたい。

わたしたちはほんとうに、さまざまなものをもとめる。欲望の「対象」は、数限りない。あげていくと、いくらでもあがりそうだ。

でも、少し整理できないだろうか。

それらの対象を通じて得ようとしている「何か」がある、と考えてみよう。たとえば、温泉にいきたいのは「ほっとしたい」から。新しいゲームソフトを手に入れたいのは、「わくわくしたい」から（あなたはいま、どんな対象を欲しているだろうか、そして、それを通じて何を得たいのだろうか）。

そういう「何か」に着目すれば、人間のもとめているものをいくつかの種類に整理できるかもしれない。

＊

小さい子どもを見ていると、いろんなことがわかってきておもしろい。もう歩けるようになった甥っ子は、高いところが好きでしょっちゅういろんなところによじ登ろうとする。「高いところにいくと偉くなったような気がするのよ」と母親であるぼくの妹はいう。高いところにいくと世界が新しくみえるという「新しさ」も楽しいのだろうけれど、いろんなものを下にみて従えているという「征服感」もあるのかもしれない。大人もそうだが、子どもはとくにいろんなことが「できる」ようになるのが好きだ。歩けなかったのが歩けるようになる、次には、高いところに自力でよじ登れるようになる、というふうに。これは、**じぶんをひろげて拡大していく快**なのだろう。

わたしたちがテニスや楽器や語学を身につけていくとき、それを「マスター」するという。うまくできなかった何かがしだいに意のままになる、つまりじぶんの「支配下」に入っていくからだろう。そこにも自己拡大の快が含まれている。

しかし子どもはまた、それとはちがった別の種類の快をもとめもする。

子どもが夢中になって何かをやっているときに母親が邪魔をすると、ものすごく怒る。なのに、疲れてくると母親にすりよってきて「甘える」。母親が関心を向けてくれないと、すねる。このように、じぶんをひろげるのではなく、信頼できる相手に**じぶんを委ねてしまう快**がある。安心する、ホッとする快だ。

子どもを見ていると、〈何かに挑戦したり努力したりしてじぶんを拡大しようとする欲望〉と、〈自分を委ねて安心しようとする欲望〉のふたつが人間の基本の欲望なのかもしれない、とも思えてくる。しかしこれだけでは、人間の欲望のさまざまな在り方にはまだまだ届かない。

①欲望の対象をいくつもあげてみて、②それらを通じて得ようとする「何か」を考える、という方法は、かなり深いところまでいけるはずだ（みなさんもトライしてみてください）。しかしここらで、哲学者のアイデアを借りてみよう。

ヘーゲルのアイデア

ヘーゲルは、人間の「精神」にはふたつの根本的な特性がある、と考えた。

①人間は経験を通じて、それまでの価値観や世界観をあらためていく存在である。経験の積み重ねによって、さまざまな価値観・世界観が生まれでてくる。

人は物事を〈ほんとう／うそ、よい／わるい、きれい／みにくい、すき／きらい〉と瞬時に判断する。これらの判断基準（ルール）は、**感受性**のかたちになっているのだ。もちろんこれらはいままで生きてきたなかで形成されてきたはずなのだけれど、その形成過程を自覚していることはきわめて少ない。

ヘーゲルは、〈経験の積み重なりのプロセスを原始的な段階から順次にたどっていけば、歴史に登場するあらゆる価値観や世界観の成り立ちが解明できるはずだ〉と考えた。そして、『精神の現象学』（一八〇七年）を書いた。ほんとにとんでもないことを考える人ですよね。

②人間は〈じぶん〉というものをもっていて、それを価値あるものとして他人にもじぶんにも認めさせようとする。つまり、人間には〈プライド〉がある。

人間が新たな価値観や世界観をつくりあげていくときの原動力は何か。つまり人間の欲望のいちばん中心にあるものは何か。〈価値あるじぶんであろうとすることだ〉とヘーゲルは考えた（注1）。

たとえば、プライドを守るためには人間はそうとうな不快をも堪え忍ぶ。だれかにバカにされたら、「ナメんなよ」というわけで猛勉強したり特訓したりして見返してやろうとする。また、財産も家族もすべてを打ち捨てて名誉をもとめる人間の姿は、昔から物語に描かれている。

「名誉をもとめるなんてきらいだ」と思った人。あなたのなかには「名誉なんかに執着しない清潔なじぶん」というじぶんの像があるのではないかな？ 名誉のために右往左往するようなみっともないことなんておれにはできない、というのは、しかし、りっぱな「プライド」ですよね。

名誉やプライドをもとめる欲望を、〈じぶんへの欲望〉と呼ぶことにしよう。

この欲望は、どのようにして人間のなかに育てられていくのだろうか。次の章ではこのことを考えてみよう。

（注1）〈自由で自立してあろうとすること〉というほうがより正確。だから、自由への欲望が原動力となってさまざまな世界観がつくりあげられていく、というべきところ。

しかしヘーゲルの考えでは、自由を得るためには、他人の存在が不可欠である。他人との関係を無視して一人孤独にくらしても自由とはいえない。自由の根本は「じぶんがじぶんであるというたしかさ」にあり、それを得るためには、じぶんの存在を他人に認めてもらう（尊重してもらう）必要がある。

その意味で、〈じぶんを価値ある存在として認めさせたい〉、あるいは〈価値あるじぶんであろうとする〉という言い方も許されるだろう。

〈じぶん〉というものをもっていて、
それを価値あるものとして
他人にもじぶんにも認めさせようとする

〈じぶんへの欲望〉はどうしてできる？

カッコいいじぶん、正義感あふれるじぶん、美しいじぶん、能力のあるじぶん
人間は〈価値あるじぶん〉をもとめてやまない
しかし〈価値あるじぶん〉への固執は、人をしばしばひどく苦しめる

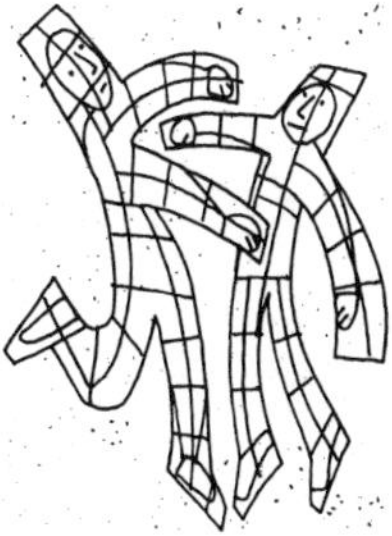

じぶんへの欲望は「親にほめられたい」からはじまる

〈価値あるじぶんでありたい〉という欲望が、赤ん坊にあるとは考えにくい。おそらくこれは、子どもがもう少し大きくなったとき、**親にほめられたい**、ないしは**親にきらわれたくない**、ということから生じてくる。

たとえば、子どもが電車のなかで大声で歌いはじめると、お母さんが「だめよ、静かにしなさい」という。すごい顔でにらむので、子どもはしぶしぶいうことをきいて「がまん」する。こうしてがまんして静かにしていると、「いい子にしていたね、偉かった」といってほめてもらえる。つまり、〈その場の快をいったんガマンすることによってほめてもらう〉というかたちでの新たな快があることを、子どもはしだいに学んでいくのだ。

親は最初は、危険なことや他人に迷惑をかけることを「禁止」する、つまり、**してはいけないこと（わるいこと）**をまず教える。しかししだいに、親にとって

積極的に価値のあること（積極的なよいこと）も教えていくだろう。「頭がいい」のが大好きな親は、子どもがひらがなを読めるようになったり、何か物知りなことをいうと、「頭がいいねえ」といってほめるのだ。

こうして、親の価値観（よい／わるい）が子どもに伝えられていく。もちろん、ほめられたい、ないし、きらわれたくない、という子どもの欲望をとおして。

そしてここから、〈価値あるじぶんの像〉も生まれてくる。もともと親がそのつど「これはいけない、これはいい」といっていたものが、じぶんの像として内在化されて、**よいじぶんの像そのものがじぶんの欲望の対象になってくる。**

理想像をじぶんなりにつくりはじめる

子どもが学校に通うようになると、学校のなかには「成績がよい」とか「スポーツができる」というような**公的な価値**がある。これを獲得できると、先生も親もほめてくれるし、まわりのみんなも一目置く。そこで、「勉強のできるじぶん」「サッカーの得意なじぶん」になろうとして、がんばる（小学生のころまでは、子どもはわりと素直にほめられようと努力する）。

けれど、ふつうはそのままではいかない。友だちと遊んだりクラブ活動をやったりするなかで、だんだんと「じぶんなりの理想像」というものをつくりはじめるからだ。たとえば、みんなで遊んでいていっしょにイタズラをすると、すごく楽しい。そしてこれを先生や親に告げ口する奴がいると、頭にきて「裏切りだ」と思う。問いつめられてじぶんが「白状」してしまった場合には、うしろめたく感じる。

——このように、親や教師にとっての「いい子」をそのまま演じていたのが、だんだん「じぶんからみてカッコいいじぶん」というものを意識していくようになる。中学生くらいになると「性」の問題も大きい。ぼくの場合、じぶんに強い性欲が襲ってきたことは「親にも友だちにもいえないじぶん」を強く意識するきっかけになったと思う（注1）。そして、そのころは「どういうのがほんとにカッコいいのか、じぶんはカッコわるくないか」ということをつねに意識するようになっていた。友人たちの行動をいちいち観察して採点しつつ、「あんなのは醜い／これはちょっとカッコいい」とか、ひそかに心のなかで思っていた。

〈独我論的な優越意識〉をもつようになる

高校生くらいになると、世間で一般に認められているような価値（名声・富・

（注1）家族の一員としてのじぶんとも、友だちのあいだでのじぶんともちがう「じぶんだけの内面世界」をわたしたちはしだいにつくっていく。そのきっかけとして、「性」の問題は決定的だと思う。しかし「じぶんとしてのじぶん」の意識じたいは、もっとずっと前にはじまっているはずだ。小浜逸郎さんは『方法としての子ども』（ポット出版）のなかで、家から幼稚園に歩いて通っていくあいだに、家にも幼稚園にも属さないじぶんというものが芽生えてくるのではないか、といっている。この「じぶんとしてのじぶん」の発生という問題は、「死」の自覚などともからんで、とても興味ぶかい。

権力）とか、親や教師のいう価値とかとはちがった「内なる価値」をもとめはじめることが多い。しかしこれは、「他人が認めてくれようがくれまいが関係ない、おれはおれの美意識にしたがって生きている（そこが偉いのだ）」という、**内なる優越意識**になりやすい**（注2）**。

ぼくなども典型的にそうで、口には出さないが「バカなやつらばっかりだ。何も考えずにただ勉強とスポーツにあけくれているだけだ。おれは少なくとも、物を考えているゾ」と思っていた。

この時期を思い出してみると、受験校のきびしい競争のなかでいい成績を維持するのにもう疲れてきている→勉強ができるなんてほんとは無意味だ、そんなのは人間としての価値ではないと思いたい→しかしそれを否定してしまったらどこにも行き場がない、勉強以外じぶんにはとりえがない。こういう感じでひどく鬱屈していたような気がする。このいちばん底にあるのは「がんばらないとこの世界はじぶんを受けいれてくれない」という、世界に対する脅えの感覚だった。

わたしたちは、強い圧力のかかっている環境のなかで、他人との関係がうまくとれなかったり、じぶんとの関係がうまくとれなかったりして苦しむことがある。そういう不遇感に押しあげられるようにして、しばしば〈内なる優越意識〉や〈絶対なる真理〉に手をのばし、じぶんを支える手段にする。

しかし、圧力があまりかからない状態になっても、本人のなかでは「かくあらねばならないじぶん」がとても大きくて、他人との関係の悦びを豊かに育んでいない

（注2） こういう青年期によくみられる独我論的な意識を、ヘーゲルは三つの類型でもって描き出した（『精神の現象学』）。直接にはローマ時代の思想を念頭においたものだが、個人の青年期を表わしたものとしても、ピッタリはまっている。

①〈ストア主義〉。これは外面も他人からの評価もいっさい関係ない、オレだけは心の内側に高いものをもっているという態度。

②〈懐疑主義〉。これはいろんな人の意見にたえず文句をつけ反論することによって、優越しようとする態度のこと。

③〈不幸な意識〉。これはあらゆる意見や考え方をはるかに超越した「絶対のもの」をもとめることによって上位にたとうとする態度。けれど、絶対のものには到達できずに苦しむから「不幸」なわけです。

ったり、じぶんの感覚と素直につきあっていくことをかえって妨害することがある。

もちろん「価値あるじぶんでありたい」という欲望それじたいは、とても大切なことだ。「そんな汚いことできるかよ」という清潔な倫理観も、そこに根づくのだから。しかしその〈価値あるじぶん〉への固執が生をかえって貧しくしているかもしれない。——わたしはどういうじぶんを欲しているのか。その欲望はわたしの生を豊かにするものといえるのか。一度は、こう問うてみるべきだ。

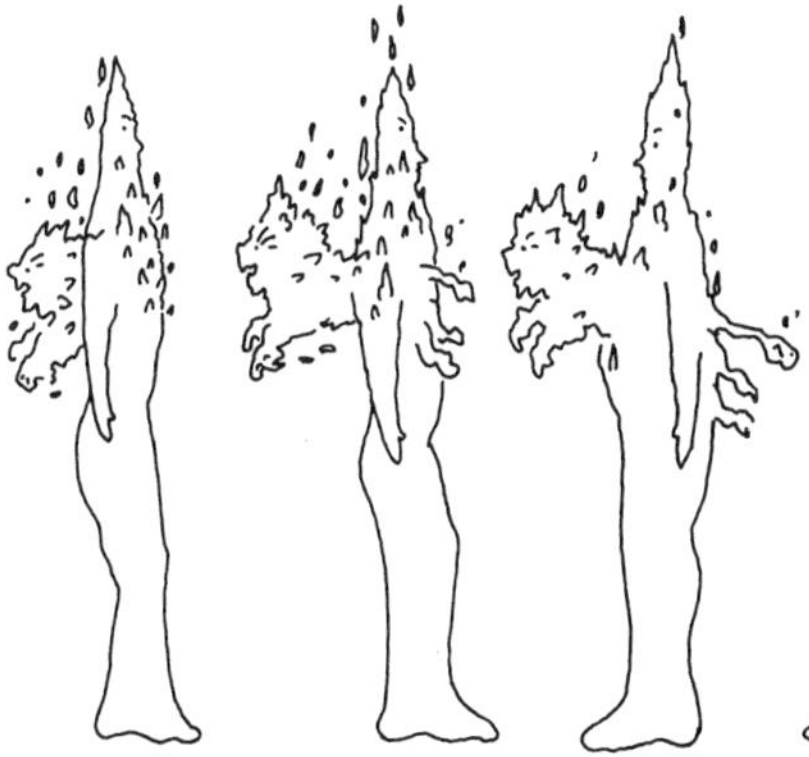

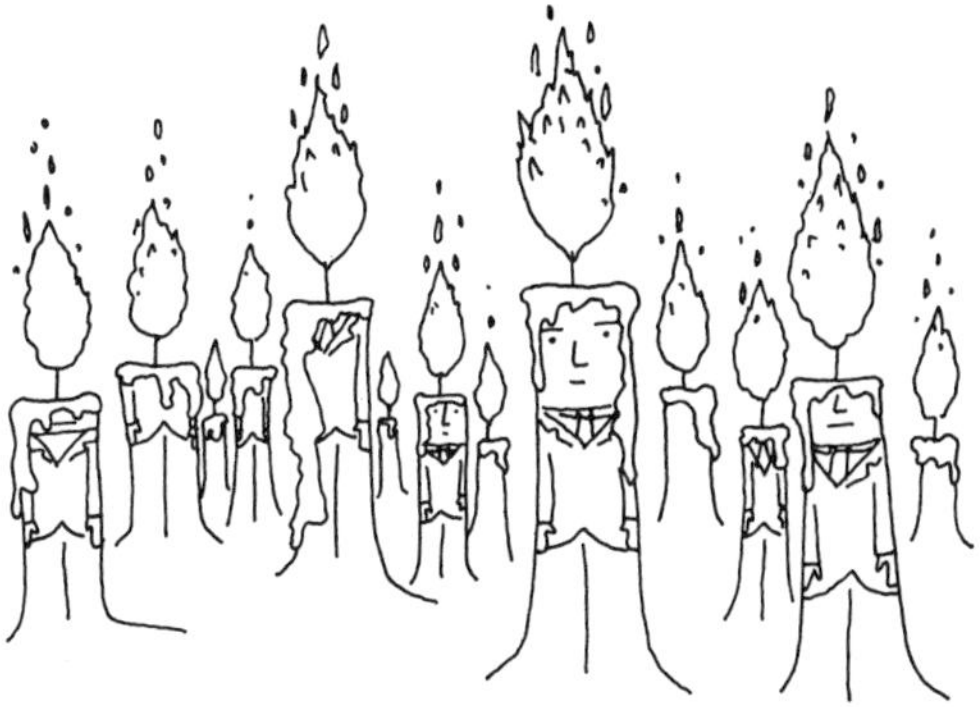

わたしはどういうじぶんを欲しているのか
その欲望はわたしの生を豊かにするといえるのか

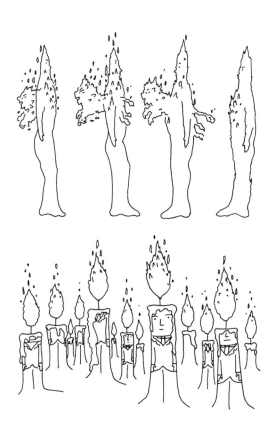

じぶんのモノサシをどうやってつくるか？

生きてるって感じるのはどんなときか思い出してみる
じぶんの好きなこと／きらいなこと、じぶんのなかのモノサシを感じとり
不安や孤独感のなかでじぶんのモノサシをつみたてていくこと
〈哲学すること〉はそういうことだ

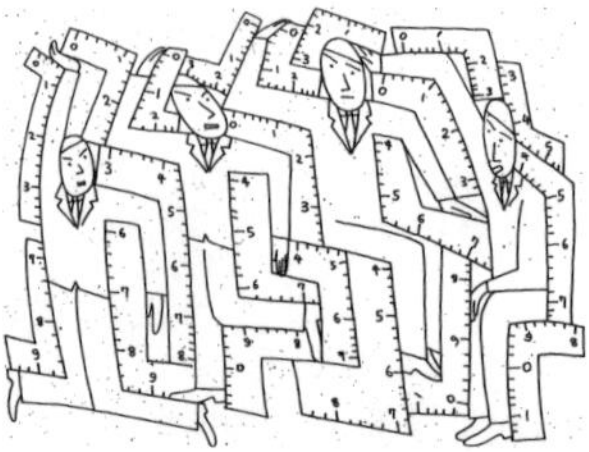

人間はルール（モノサシ）の束である

人間の欲望によって、世界は秩序づけられている。すき／きらい、よい／わるい、きれい／きたない。そして、好ましいもののほう（すき・よい・きれい）をめがけて生きている。

その意味で、**人間は善悪／美醜／好悪のルール（モノサシ）の束である**。だから、このルールがぼやけてくると、世界もじぶんもぼやけてくる。この、じぶんなりのルールをより深くより明確なものにしていく、つまり、これは好きだ・これはよくない、とハッキリいえるようになると、世界もじぶんもリアルなものになってくる。しかし、世界がぼやけてきたり苦しくなったりしたときに、人はなかなか、**じぶんのなかからルールをつくりなおす**ことができない。

たとえばオウム真理教は、「生きててもなんとなくつまらないなあ」と感じている若者たちに、とても明確なストーリーを与えた。「いま世界では、欧米の悪しき物質文明とアジアの精神文明とが争っている。君はこの精神文明を勝利に導くべく選ばれた戦士なのだ!」と。こうして「使命」が与えられたとき、彼ないし彼女のいままでのうすぼんやりとした生は一変し、とつぜん世界とじぶんがリアルな、ハッキリとしたものになったはずだ。

しかしオウム真理教にかぎらず、**外からルールを与えてもらうやり方**には欠点がふたつある。①そのルールは宗教団体の内部でしか通用しないから、教団の外の人ときちんと関係をむすぶことは、できにくくなる。②宗教生活のなかでいきづまったときに、それをどうするか考えていくための方法がない。

より望ましいのは、それまでの生き方〈何をもとめてきたのか、何を恐れてきたのか〉を考え、いきづまってきた過程を考え、そして〈いまわたしは何を欲するのか〉をはっきりさせていく、そういうやり方だ。

まずはじぶんの感受性を受けいれる

〈「蓼食《たでく》う虫も好き好き」という言葉があるが、批評家というのはじぶんのなかの「虫」の認識育成に骨を折る人種のことだ〉と小林秀雄（注1）がいっている。

ぼくは二十代半ばのころその言葉に出会って、とてもうなずき、そして深く安堵したことがある。というのは、当時のぼくは「じぶんはそのままでは無で、何か立派なものを身につけないとだれからも相手にされない」という強迫観念のようなものを抱えこんでいたからだ。小林の言葉は、「まずじぶんの感受性を肯定していいのだ、そこからはじめていいのだよ」とぼくには聞こえた。「感受性のなかにきみのモノサシが働いているんだ。〈この文章は上手だがなんとなく虫が好かない〉というとき、〈ではその虫はなんといっているのか〉とたずねてみれ

（注1）小林秀雄（一九〇二―一九八三）。小林秀雄・吉本隆明・江藤淳とつづく日本の文芸批評は、ちょうどヨーロッパでの哲学や思想に相当する役割をはたしてきた。小林はフランスの哲学者ベルクソンが好きで現象学とは直接の関係はないけど、発想の核は現象学にすごく近いものがあると思う。この話は「政治と文学」の冒頭です。

ばいい」

わたしたちはしばしば、じぶんを否定して「社会的な要請」に応えようとしたり、「正義」や「権威」の前に無知なじぶんを恥じたりする。しかしそこでちょっと**抵抗**してみる（とくに負い目の感覚には要注意！　負い目はじぶんを恥じ入らせて自己認識を妨げるから）。じぶんのなかの負い目や矛盾も含めて、じぶんをいったんまるごと受けいれ、そこからじぶんをほどいてつくりなおすのだ。

自己認識の方法という点でみると、**「批評」は何かの対象に反応するところからはじめる方法**である。音楽や文学、テレビで見る事件、友だちとの会話、さまざまなことがらにふれたときに反応するじぶんがいる。そこからじぶんのルールを認識し育てようとする。それに対して、**「哲学」は〈一般的な問い〉を明確に設定したうえで、それを考えるための素材としてじぶんを観察する、**というやり方をとる（注2）。

しかし、批評も哲学も文学も音楽も、「表現」する行為はすべて、**深くじぶんと他者とを理解しようとする行為**であるという点では変わらない。じぶんを掘りさげる過程があり、それを他人に示して反応をもらう。それは他者を理解することであるとともに、他者を通じてじぶんを理解することでもある。

じぶんの感受性《モノサシ》をなぜ肯定できないのか

しかし、わたしたちはなかなかじぶんの感受性を受けいれて育てていくことができない。それはなぜなのか。

わたしたちは最初、無力な存在として生まれ、両親の庇護のもとにある。そして両親からの愛情を失いたくなくて、「いい子」になろうとするのだった。しかし「何もしなくてもできがわるくても親はじぶんを愛してくれている」という感

（注2） といっても、あらかじめ設定された問い（正義とは何かなど）に関連してじぶんを観察するだけが哲学ではない。問いそのものをじぶんのなかからつくりだすこともあるし、そちらのほうがむしろ重要なのです。

覚をもてない場合には、親から与えられる禁止や望ましい自我像をはみだすことは、まさに**じぶんの存在そのものの否定**と感じられるだろう。

そうすると、親の与えたモノサシ（価値観）を相対化しつつじぶんのモノサシを育てていくことは、ひじょうにむずかしくなる。親に気にいってもらうために過剰なまでに努力をしたり、逆に、親にとことん反抗しつづける。「親の命ずるのとはちがうじぶんがいる、それをわかってほしい！」

親との関係にかぎらず、〈世界はそのままのじぶんを受けいれてくれない〉と無意識に感じているときには、じぶんでじぶんの感受性をなかなか肯定できない。だれかが（恋人なり友人なりが）じぶんの存在を受けいれている、という感覚が得られてはじめて、人はじぶんの感受性を肯定できるようになる。そして、感受性の肯定ができてはじめて、その人はじぶんの感受性を検証しながら自覚的にじぶんのモノサシを育てていくことができるようになるのである（注3）。――そのために、人はいろいろな意味での「家出」をしたり遍歴したりして、じぶんを肯定してくれる人たちとすごす場所を見つけねばならないこともある。

（注3）じぶん一人でモノサシを育てるのでなく、「ともに育てあう」と考えるほうがいいと思う。友人どうしで互いのモノサシを照らしあわせたり、ある部分は受けいれたりする。恋人とじぶんがいい関係であるために、互いのモノサシを調整したりもする。そうやって、人はじぶんのモノサシを育てていくのだ。

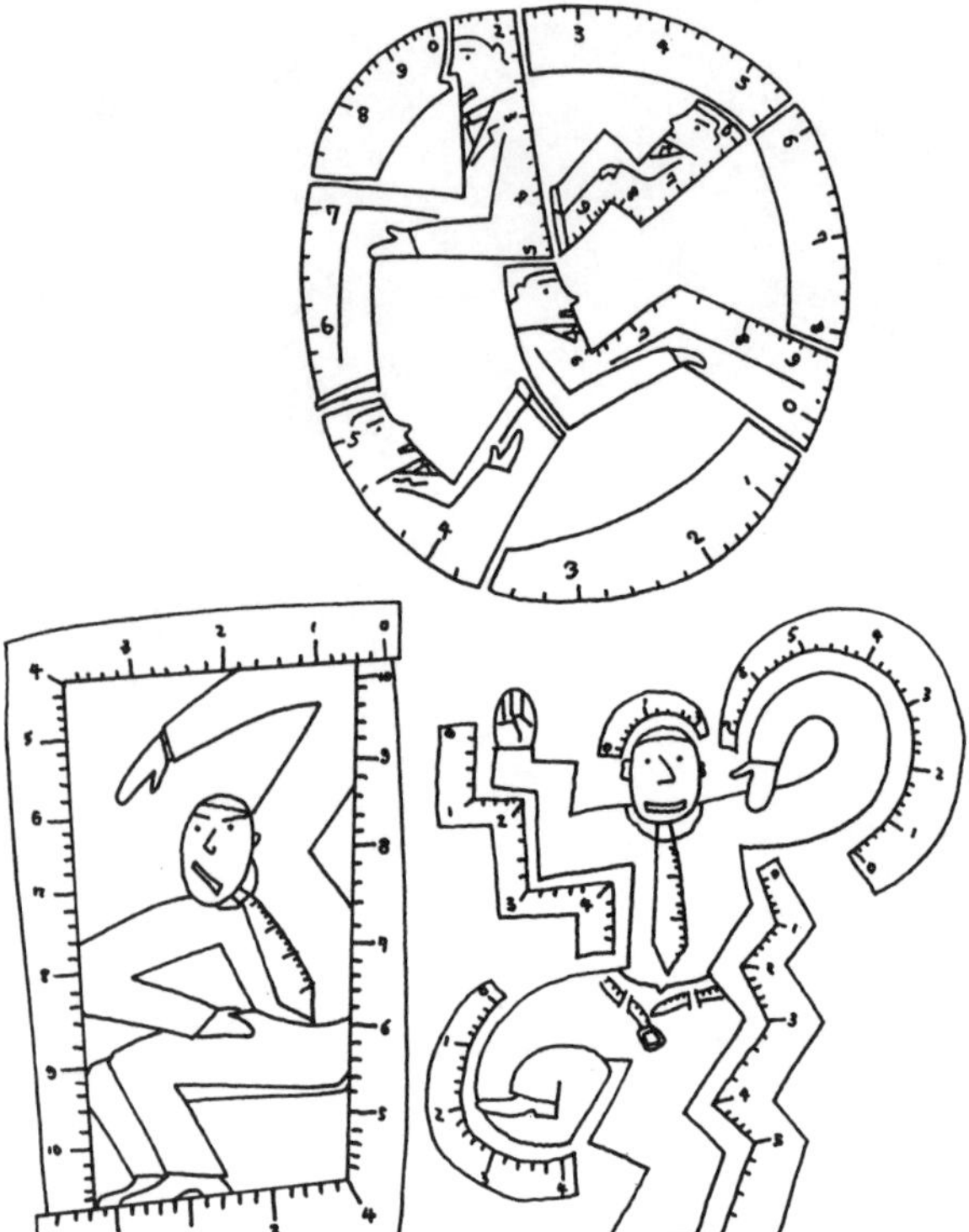

じぶんのなかからルールをつくりなおさねばならない

おすすめブックガイド

哲学の歴史をのぞいてみたい人には**『はじめての哲学史　強く深く考えるために』**（竹田青嗣・西研編、有斐閣アルマ）は、一人ひとりの哲学者のモチーフ（なぜこんなことを考えたのか）を押さえているので、頭に入りやすいと思う。ヘーゲル**『哲学史講義』**Ⅰ～Ⅳ（長谷川宏訳、河出文庫）は長谷川さんの訳文によるわかりやすいヘーゲルに感動。

さてプラトンでは**『饗宴』**（中澤務訳、光文社古典新訳文庫、または久保勉訳、岩波文庫）。近代哲学では、デカルト**『方法序説』**（谷川多佳子訳、岩波文庫）。じぶんの半生をふりかえったこの本はなにより文章が生きている。ヒューム『人間本性論』は大作なので、その要点だけをまとめたヒューム**『人性論』**（土岐邦夫ほか訳、中公クラシックス）をまず読む手もあります。これは〈かならず物事には原因がある〉（因果律）、〈物や魂は同一不変なものとして存在している〉という常識をとことん解体して爽快。

カント『純粋理性批判』はものすごくおもしろいが、大作かつ難解。そのエッセンスをみるには、西研**『100分de名著ブックス　カント「純粋理性批判」』**（NHK出版）。がんばってカントの文章を読んでみようという人には、カント自身が『純粋理性批判』への入門として書いた『プロレゴーメナ』がおすすめ。カント**『プロレゴーメナ・人倫の形而上学の基礎づけ』**（土岐邦夫ほか訳、中公クラシックス）は道徳論も入っていてお得。

ヘーゲルの主著『精神の現象学』もひどく難解な本ですが、西研**『ヘーゲル自由と普遍性の哲学』**（河出文庫）をみると、そのエッセンスがつかめるでしょう。竹田青嗣・西研**『超解読！　はじめてのヘーゲル「精神現象学」』**（講談社現代新書）は『精神の現象学』全体にわたって解説したもの。

現代哲学では、ぼくがもっとも影響をうけたニーチェの**『道徳の系譜』**と**『ツァラトゥストラ』**（ともにちくま学芸文庫、岩波文庫）。ぼくの**『100分de名著ブックス　ニーチェ「ツァラトゥストラ」』**（NHK出版）は両方にふれています。

フッサールの本では『ヨーロッパ諸学の危機と超越論的現象学』（細谷恒夫・木田元訳、中公文庫）。科学の世界像を絶対とする姿勢を批判しつつ、哲学を復権させようとする姿勢に感動。ハイデッガー『存在と時間』上下（細谷貞雄訳、ちくま学芸文庫）は、少し訳語が古いところもあるが、じつに頭によく入ってきます。昔、廣松渉さんが「達意の名訳」とゼミのときに言っていたのを思い出します。訳語が標準的で訳文も信頼できるものとしては、原佑・渡邊二郎訳、中公クラシックスを。

以下はぼくが関係した本になりますが、どうやって一人ひとりが納得できる「共通理解」をつくっていくのか、という「哲学の問い方」については、西研『100分de名著　読書の学校　プラトン「ソクラテスの弁明」』（NHK出版）を。より詳しいものとしては、西研『哲学は対話する　プラトンとフッサールの〈共通了解をつくる方法〉』（筑摩選書）。これは「正義の本質」を、哲学対話の事例としてとりあげています。

「人間とはどんな存在なのか」「人間は何をもとめて生きているのか」という哲

学の根本問題については、西研『**学びのきほん　しあわせの哲学**』（ＮＨＫ出版）。これは「承認」と「自由」というキーワードから、人のもとめるものを考えた、コンパクトな読み物です。ぼくの年来の友人竹田青嗣さんの『**新・哲学入門**』（講談社現代新書）は、人間がどのようにしてその「世界」を形作っていくかを体系的に論じたもので、読み応えがあります。

国家、民主主義、正義のような社会哲学的なテーマに関心のある方には、「自由」を中心として近代的な正義論の骨格をつくりあげた著作として、ルソー『**社会契約論**』（作田啓一訳、白水Ｕブックス）、『**エミール**』上中下（今野一雄訳、岩波文庫）は必読の名著ですが、西研『**100分de名著ブックス　ルソー「エミール」**』（ＮＨＫ出版）はそれを解説したものです。ルソーの思想を受け継いで発展させようとしたものとして、ヘーゲル『**法の哲学　自然法と国家学の要綱**』上下（上妻精ほか訳、岩波文庫）がありますが、これを解説したものが竹田青嗣・西研『**超解読！　はじめてのヘーゲル「法の哲学」**』（講談社現代新書）です。

川村さんお薦めの美術本をいくつか（川村コメントつき）。

まずは**『ミケランジェロ』**（イタリア・ルネサンスの巨匠たち25、東京書籍）。あれこれやりたいことが多すぎるルネサンス時代に、次々と未完成の作品を創っては逃げつづけた彼の人生は、うらやましくも悲しい。システィナ礼拝堂の天井画を描いて体調をくずしたり、苦悩の人でもあります。現代の人では**『デルヴォー』**（アート・ギャラリー現代世界の美術19、集英社）。ポール・デルヴォーの画集。禁断の世界といった雰囲気でぼくの絵とも共通するところがあります。彼は夜の散歩が好きといってますが、そういうところも趣味が一致しています。もう一冊**『パラレル・ヴィジョン――20世紀美術とアウトサイダー・アート』**（モーリス・タックマン、キャロル・S・エリエル編、淡交社）。精神を病んだ人たちの描いた画集なのですが、非常に迫力があります。何のために絵を描くのか迷ったとき、悩んだときに見ることにしています（この本を開くとき、ぼくはいつも落ち込んでいる）。

文庫版あとがき

この本を最初に出版したのは、一九九六年。当時青山にあったイラストレーターの川村易さんの事務所に何度も通って、編集の向坂好生さん（ＮＨＫ出版）と三人であれこれおしゃべりしながら、アイデアをつくっていったのを思い出します。とても楽しかった。

そのときは、「哲学絵本」のスタイルでした。ひとつの問いに対して、川村さんのイラストが何枚か出される。読者はそれを見ながらいろいろ感じ、考えてもらって、それからぼくの文が出てきて答えていく、というものでした。

このスタイルはそれとしてとても気に入っていたのですが、このたび、あらためて文章を中心として再編集したうえで、文庫化することになりました。当然、ぼくも文章に焦点を当てて読み直したのですが、その過程で気がついたことがあります。

この本は、できあがった「哲学の世界」があって、そのなかに哲学に興味のある人を誘う、というものではなくて、「考えること」に入ってみませんか、というものになっている、ということです。

生きることがなかなかうまくいかなかった「ぼく」が、哲学に出会うなかで、「なるほど、こんなふうに考える仕方があるのか」と気づき、そうやって考えながら自分をつくりなおしてきた。そんな場所から、読み手に「こんなふうに考える仕方があるよ」と語りかけている、そんな本なんだなあと。

だからこの本には、ぼく自身がそれまで生きてきた過程をたどりなおして確めている、というところがあります。この本のどこかの部分を書いていたとき、とても静かな、湖のような気持ちだったことを覚えています。気持ちと言葉とが深くつながった感覚があって、ぼくにとって忘れがたい本となっています。

＊

あらためて読み直してみて、中身も文章も古くなっていないなあと思いながら、でも時代が変わってきたことや、じぶんの関心が移ってきたことも感じました。

「じぶん」をどう育てていくか、という課題は、いまの人たちもまったく変わっていない。そう思いながらも、情報化の進展によって、人びとがますます「島宇宙」に入ってバラバラになってきたことや、経済格差がひどくなって「階層」のあいだがますます切り離されたことを強く感じています。

だから、どうやって人びとが「つながる」ことができるのか、どうやって「ともに生きる」ことができるのか、という課題を強く感じるようになりました。いろんなところで「哲学対話」をやってきたのも、そのことが背景にありました。

哲学には、「じぶんを深く理解する」ための方法という面と、「共通理解を育てる」ための方法という面の、ふたつがありますが、このところのぼくは、後者の面を強調してきたんだなあと思います（ブックガイドにも書いた、ぼくの『哲学は対話する』（筑摩選書）は「共通理解を育てる」ということを正面に出しています）。

でも、この『哲学のモノサシ』が主なテーマとしている「じぶんをどう理解しつくっていくか」もやはり大切なことだ、とあらためて思っています。それぞれのライフステージごとに――青年期にも、職業と子育ての時期にも、また老境にさしかかってきたときにも――その課題がある。そのような課題を背景にしながら、「人はどんな存在なのか、何をもとめて生きているのか」について、遠からずしっかり書いてみたいなあと思っています。

いま、哲学にはふたつの課題がある、といいました。しかしじつは、どちらの課題を進めるためにも、哲学ならでは、のやり方（問い方）があります。立ちどまって「そもそも～とは何か」とあらためて問うこと、です。そういう「哲学すること」の感触を、皆さんがこの本から受け取っていただければ、とてもうれしく思います。

河出書房新社の藤﨑寛之さんには、今回もお世話になりました。川村さんのイラストにも、ＮＨＫの編集の向坂さんにも、また出会うことができたように感じています。この三人の方に、お礼をいいたいと思います。

二〇二三年七月

西　研

本書は『哲学のモノサシ』（ＮＨＫ出版、一九九六年五月刊）を再編集したものです。

哲学《てつがく》のモノサシ
考《かんが》えるってどんなこと？

二〇二三年一〇月一〇日　初版印刷
二〇二三年一〇月二〇日　初版発行

著　者　西《にし》　研《けん》

発行者　小野寺優
発行所　株式会社河出書房新社
〒一五一－〇〇五一
東京都渋谷区千駄ヶ谷二－三二－二
電話〇三－三四〇四－八六一一（編集）
〇三－三四〇四－一二〇一（営業）
https://www.kawade.co.jp/

ロゴ・表紙デザイン　粟津潔
本文フォーマット　佐々木暁
印刷・製本　中央精版印刷株式会社

Printed in Japan　ISBN978-4-309-41995-4

集中講義 これが哲学！ いまを生き抜く思考のレッスン

西研 41048-7

「どう生きたらよいのか」——先の見えない時代、いまこそ哲学にできることがある！　単に知識を得るだけでなく、一人ひとりが哲学するやり方とセンスを磨ける、日常を生き抜くための哲学入門講義。

哲学の練習問題

西研 41184-2

哲学するとはどういうことか——。生きることを根っこから考えるためのQ＆A。難しい言葉を使わない、けれども本格的な哲学へ読者をいざなう。深く考えるヒントとなる哲学イラストも多数。

ヘーゲル　自由と普遍性の哲学

西研 41948-0

難解なヘーゲル哲学を、人間と社会・国家の関係を不器用なまでに真摯に問い、自由の可能性をつきつめた思索として読み解いた画期的入門書『ヘーゲル・大人のなりかた』を増補・文庫化。

誰にもわかるハイデガー

筒井康隆 41879-7

死を恐れつつも死について知りたい我々のために、あの唯野教授による世界一わかりやすい講義が一度かぎりよみがえる。読まずに死ねない名著『存在と時間』超入門。これが教授の遺言だ！

定本 夜戦と永遠 上・下 フーコー・ラカン・ルジャンドル

佐々木中 41087-6 41088-3

『切りとれ、あの祈る手を』で思想・文学界を席巻した佐々木中の第一作にして主著。重厚な原点準拠に支えられ、強靱な論理が流麗な文体で舞う。恐れなき闘争の思想が、かくて蘇生を果たす。

仝

佐々木中 41351-8

『アナレクタ・シリーズ』の四冊から筆者が単独で行った講演のみ再編集文庫化し、新たに二〇一四年秋に行われた講演「失敗せる革命よ知と熱狂を撒け」を付した、文字通りのヴェリー・ベスト。

ツァラトゥストラかく語りき

フリードリヒ・ニーチェ　佐々木中〔訳〕　46412-1

あかるく澄み切った日本語による正確無比な翻訳で、いま、ツァラトゥストラが蘇る。もっとも信頼に足る原典からの文庫完全新訳。読みやすく、しかもこれ以上なく哲学的に厳密な、ニーチェ。

道徳は復讐である　ニーチェのルサンチマンの哲学

永井均　40992-4

ニーチェが「道徳上の奴隷一揆」と呼んだルサンチマンとは何か？　それは道徳的に「復讐」を行う装置である。人気哲学者が、通俗的ニーチェ解釈を覆し、その真の価値を明らかにする！

「最強！」のニーチェ入門

飲茶　41777-6

誰よりも楽しく、わかりやすく哲学を伝えてくれる飲茶が鉄板「ニーチェ」に挑む意欲作。孤独、将来への不安、世間とのズレ……不条理な世界に疑問を感じるあなたに。心に響く哲学入門書！

史上最強の哲学入門

飲茶　41413-3

最高の真理を求めた男たちの熱き闘い！　ソクラテス・デカルト・ニーチェ・サルトル…さらなる高みを目指し、知を闘わせてきた32人の哲学者たちの論が激突。まさに「史上最強」の哲学入門書！

史上最強の哲学入門　東洋の哲人たち

飲茶　41481-2

最高の真理を求める男たちの闘い第2ラウンド！　古代インド哲学から釈迦、孔子、孟子、老子、荘子、そして日本の禅まで東洋の“知”がここに集結。真理（結論）は体験によってのみ得られる！

14歳からの哲学入門

飲茶　41673-1

「なんで人殺しはいけないの？」。厨二全開の斜に構えた「極端で幼稚な発想」。だが、この十四歳の頃に迎える感性で偉大な哲学者たちの論を見直せば、難解な思想の本質が見えてくる！

暴力の哲学

酒井隆史　41431-7

人はなぜ暴力を憎みながらもそれに魅せられるのか。歴史的な暴力論を検証しながら、この時代の暴力、希望と危機を根底から考える、いまこそ必要な名著、改訂して復活。

性愛論

橋爪大三郎　41565-9

ひとはなぜ、愛するのか。身体はなぜ、もうひとつの身体を求めるのか。猥褻論、性別論、性関係論からキリスト教圏の性愛倫理とその日本的展開まで。永遠の問いを原理的に考察。解説：上野千鶴子／大澤真幸

不定形の思想

鶴見俊輔　41920-6

鶴見俊輔の原点にして主著ともいえる前期－中期の名アンソロジー、初めての文庫化。鶴見自身が自身の全作品のなかで最も気に入っていたという論考「かるた」を収録。解説：黒川創

郵便的不安たちβ　東浩紀アーカイブス1

東浩紀　41076-0

衝撃のデビュー「ソルジェニーツィン試論」、ポストモダン社会と来るべき世界を語る「郵便的不安たち」など、初期の主要な仕事を収録。思想、批評、サブカルを郵便的に横断する闘いは、ここから始まる！

サイバースペースはなぜそう呼ばれるか＋　東浩紀アーカイブス2

東浩紀　41069-2

これまでの情報社会論を大幅に書き換えたタイトル論文を中心に九十年代に東浩紀が切り開いた情報論の核となる論考と、斎藤環、村上隆、法月綸太郎との対談を収録。ポストモダン社会の思想的可能性がここに！

ゆるく考える

東浩紀　41811-7

若いころのぼくに言いたい、人生の選択肢は無限である、と。世の中を少しでもよい方向に変えるために、ゆるく、ラジカルにゆるく考えよう。「ゲンロン」を生み出した東浩紀のエッセイ集。

ツイッター哲学

千葉雅也 41778-3

ニーチェの言葉か、漫画のコマか？　日々の気づきからセクシュアリティ、社会問題までを捉えた、たった140字の「有限性の哲学」。新たなツイートを加え、著者自ら再編集した決定版。松岡正剛氏絶賛！

動きすぎてはいけない

千葉雅也 41562-8

全生活をインターネットが覆い、我々は窒息しかけている――接続過剰の世界に風穴を開ける「切断の哲学」。異例の哲学書ベストセラーを文庫化！　併録＊千葉＝ドゥルーズ思想読解の手引き

哲学はこんなふうに

アンドレ・コント＝スポンヴィル　木田元／小須田健／コリーヌ・カンタン〔訳〕 46772-6

哲学するとは自分で考えることである。しかしどのように学べばよいのか。道徳、愛、自由、叡智など12のテーマからその道へと誘う、現代フランスを代表する哲学者による手ほどき。

記号と事件　1972―1990年の対話

ジル・ドゥルーズ　宮林寛〔訳〕 46288-2

『アンチ・オイディプス』『千のプラトー』『シネマ』などにふれつつ、哲学の核心、政治などについて自在に語ったドゥルーズの生涯唯一のインタヴュー集成。ドゥルーズ自身によるドゥルーズ入門。

アンチ・オイディプス　上・下　資本主義と分裂症

G・ドゥルーズ／F・ガタリ　宇野邦一〔訳〕 46280-6 46281-3

最初の訳から二十年目にして“新訳”で贈るドゥルーズ＝ガタリの歴史的名著。「器官なき身体」から、国家と資本主義をラディカルに批判しつつ、分裂分析へ向かう本書は、いまこそ読みなおされなければならない。

千のプラトー　上・中・下　資本主義と分裂症

G・ドゥルーズ／F・ガタリ　宇野邦一／小沢秋広／田中敏彦／豊崎光一／宮林寛／守中高明〔訳〕 46342-1 46343-8 46345-2

ドゥルーズ／ガタリの最大の挑戦にして、いまだ読み解かれることのない二十世紀最大の思想書、ついに文庫化。リゾーム、抽象機械、アレンジメントなど新たな概念によって宇宙と大地をつらぬきつつ生を解き放つ。

哲学とは何か

G・ドゥルーズ／F・ガタリ　財津理〔訳〕　46375-9

ドゥルーズ＝ガタリ最後の共著。内在平面―概念的人物―哲学地理によって哲学を総括し、哲学―科学―芸術の連関を明らかにする。限りなき生成／創造へと思考を開く絶後の名著。

フーコー

ジル・ドゥルーズ　宇野邦一〔訳〕　46294-3

ドゥルーズが盟友への敬愛をこめてまとめたフーコー論の決定版。「知」「権力」「主体化」を指標にフーコーの核心を読みときながら「外」「襞」などドゥルーズ自身の哲学のエッセンスを凝縮させた比類なき名著。

言説の領界

ミシェル・フーコー　慎改康之〔訳〕　46404-6

フーコーが一九七〇年におこなった講義録。『言語表現の秩序』を没後三十年を期して四十年ぶりに新訳。言説分析から権力分析への転換をつげてフーコーのみならず現代思想の歴史を変えた重要な書。

ピエール・リヴィエール　殺人・狂気・エクリチュール

M・フーコー編著　慎改康之／柵瀬宏平／千條真知子／八幡恵一〔訳〕46339-1

十九世紀フランスの小さな農村で一人の青年が母、妹、弟を殺害した。青年の手記と事件の考察からなる、フーコー権力論の記念碑的労作であると同時に希有の美しさにみちた名著の新訳。

ベンヤミン・アンソロジー

ヴァルター・ベンヤミン　山口裕之〔編訳〕　46348-3

危機の時代にこそ読まれるべき思想家ベンヤミンの精髄を最新の研究をふまえて気鋭が全面的に新訳。重要なテクストを一冊に凝縮、その繊細にしてアクチュアルな思考の核心にせまる。

シモーヌ・ヴェイユ　アンソロジー

シモーヌ・ヴェイユ　今村純子〔編訳〕　46474-9

最重要テクストを精選、鏤骨の新訳。その核心と全貌を凝縮した究極のアンソロジー。善と美、力、労働、神、不幸、非人格的なものをめぐる極限的にして苛烈な問いが生み出す美しくきびしい生と思考の結晶。